MORGANE GIULIANI

TAYLOR ALISON SWIFT

La rebelle devenue icône

TALENT ÉDITIONS

115 rue de l'Abbé Groult, 75015 Paris

Maquette et couverture : Trémas (Fanny Druïlle)

Crédits iconographiques :

p. 2 : © MediaPunch Inc / Alamy, p. 4 : © Mpi04/Media Punch/Alamy Live News, p. 11 : en haut à gauche Courtesy of the artist, Capture d'écran issue du documentaire Miss Americana, réalisé par Lana Wilson, sorti en 2020, diffusé sur Netflix., p. 12 : en bas à gauche Courtesy of the artist, en haut à gauche : Capture d'écran issue de Youtube : Pennyccw - Taylor Swift sang during a Sixers game (2002), p. 13 : Capture d'écran du documentaire Looking back at a decade of Taylor Swift, Good Morning America , p. 14 : en haut Courtesy of the artist, en bas à gauche © Seth Poppel/Yearbook Library, en bas à droite © Club sea Ray, p. 15 : en haut à gauche, © Curtis Hilbun/AFF/ABACAPRESS.COM, en bas à droite Capture d'écran Youtube : WSMV 4 Nashville, p. 16 : © UPI Photo/Frederick Breedon, p. 18 : en haut à gauche photo promotionnelle pour le clip de "Teardrops on my Guitar", réalisé par Trey Fanjoy, courtesy of the artist, en haut à droite © UPI Photo/Frederick Breed, en bas © UPI Photo/John Angelillo, p. 19 : en haut Album Fearless, en bas à droite, capture d'écran issu du clip de "You Belong With Me", p. 20 : à gauche © Cinematic / Alamy, à droite © John Schultz/QUAD-CITY TIMES, p. 21 : © Fabio Diena / Alamy, p. 22 : © Lionel Hahn/ABACAPRESS.COM, p. 24 : © GTCRFOTO / Alamy, p. 25 : à gauche © UPI/Phil McCarten, à droite © Zuma Press, p. 27 : © Allstar Picture Library Ltd / Alamy, p. 28 : © Luis Santana/Tampa Bay Times/ZUMAPRESS.com, p. 30 : © WENN Rights Ltd / Alamy, p. 31 : © UPI/John Angelillo, p. 32 : en haut © WENN Rights Ltd / Alamy, en bas capture d'écran du clip de "We Are Never Ever Getting Back Together", , p. 33 : © @fotokibit / Alamy, p. 34 : © Igor Vidyashev/ZUMA Wire/Alamy Live News, p. 36 : © Brad Barket/ABACAPRESS.COM, p. 37 : © Matthew Staver/ZUMA Wire/Alamy Live News, p. 38 : capture d'écran du clip de "Shake It Off", p. 39 : en haut capture d'écran du clip de "Blank Space", en bas © KEITH MAYHEW/Alamy Live News, p. 40 : © Igor Vidyashev/ZUMA Wire/Alamy Live News, p. 44 : en bas à gauche © Adriana M. Barraza/WENN.com, en bas à droite © Francis Specker, p. 45 : © Francis Specker, p. 46 : en haut à gauche © Hoo-Me / SMG, p. 5 : et p. 46 : en bas © Storms Media Group/Alamy Live News, p. 46 : © Storms Media Group/Alamy Live News, p. 47 : © Phil McCarten/UPI, p. 48 : en haut © Hoo-Me / SMG, p. 49 : en haut © Independent Photo Agency Srl, p. 50 : à gauche © OConnor-Arroyo / AFF-USA, p. 50 : à droite © Image Press Agency, p. 52 : © Avalon/ABACAPRESS.COM, p. 54 : pochette de l'album Evermore, p. 55 : Captures d'écran Youtube : Taylor Swift - Cardigan, p. 56 : © Avalon/ABACAPRESS.COM, p. 57 : en haut à gauche © Netflix / courtesy Everett Collection / ABACAPRESS.COM, en haut à droite © Disney+ / Courtesy Everett Collection, en bas © Netflix / courtesy Everett Collection /ABACAPRESS.COM, p. 59 : à gauche © Frank Micelotta/PictureGroup/ABACAPRESS.COM, en bas à droite © Sara De Boer/Startraks/ABACAPRESS.COM, p. 61 : © Rw/Media Punch/Alamy Live News, p. 63 : © Imago/Alamy Live News, p. 64 : en haut à droite Doug Peters / PA Images, p. 65 : © Doug Peters/EMPICS/Alamy Live News, p. 66 : © Jim Ruymen/UPI /Alamy Live News, p. 68 : © David Niviere/ABACAPRESS.COM, p. 69 : en haut à gauche © Shawn Punch/AdMedia/Newscom/Alamy Live News, p. 69 : en haut à droite © Tammie Arroyo / AFF-USA.com /Alamy Live News, p. 69 : en bas © Tammie Arroyo / AFF-USA.com /Alamy Live News, p. 70 : en haut à droite © AFF/Alamy Live News, en bas © Robert Hanashiro-USA Today/SPUS/ABACAPRESS.COM, p. 71 : © Casey Flanigan/imageSPACE/SPUS/ABACAPRESS.COM, p. 72 : © Sandy Hooper-USA Today/SPUS/ABACAPRESS.COM, p. 75 : © Casey Flanigan/Imagespace/Alamy Live New, p. 76 : © UPI Photo/John Angelillo, p. 78 : © Fabio Diena / Alamy, p. 79 : © 2012 Paul Smith / Featureflash, p. 80 : © John Angelillo/UPI/Alamy Live News, p. 82 : © Anthony Behar/Sipa USA/Alamy Live News, p. 83 : © UPI Photo/Roger L. Wollenberg, p. 84 : © PA Images / Alamy Banque D'Images, p. 86 : © Kathy Hutchins / Alamy Banque D'Images, p. 87 : © M. Stan Reaves/Alamy Live News, p. 88 : © Francis Specker / Alamy Banque D'Images, p. 90 : © Casey Flanigan/Imagespace/Alamy Live News, p. 91 : © Hoo-Me / SMG, Couverture et p. 92 : © Casey Flanigan/imageSPACE/MediaPunch, p. 95 : © Xavier Collin/Image Press Agency, p. 96 : © Barry King/Alamy Stock Photo, p. 97 : en haut © Patti McConville / Alamy Banque D'Images, en bas © Pawan Kumar / Alamy , p. 98 : © Lionel Hahn/ABACAPRESS.COM, p. 102 : à droite © Angelillo John/UPI/ABACA, p. 100 : © Frank Micelotta/PictureGroup/ABACAPRESS.COM, p. 101 : à gauche © Carmen Jaspersen dpa/lni,à droite © Tammie Arroyo/AFF / Alamy, p. 102 : à gauche © WENN Rights Ltd / Alamy Banque D'Images, p.103 © 2015 Paul Smith / Featureflash, p. 104 : © AFF/Alamy Live News, p. 106 : © Peter Cruz/Splash News/ABACAPRESS.COM, p. 106 : à gauche © Anthony Behar/Sipa USA, à droite © Stuart Hardy/ABACAPRESS.COM, p. 107 : © WENN Rights Ltd / Alamy, p. 108 : © James Atoa/UPI/ABACAPRESS.COM, p. 110 : © GTCRFOTO / Alamy, p. 111 : à gauche © GTCRFOTO / Alamy, à droite © Lionel Hahn/ABACAPRESS.COM, p. 112 : © WENN Rights Ltd / Alamy, p. 113 : © Photo by Splash News/ABACAPRESS.COM, p. 114 : © Hewitt/Splash News/ABACAPRESS.COM, p. 115 : © WENN Rights Ltd / Alamy, p. 116 : © Splash News/ABACAPRESS.COM, p. 117 : © BeautifulSignatureIG/SplashNews/ABACAPRESS.COM, p. 118 : © Jim Ruymen/UPI/Alamy Live News, p. 121 : © Storms Media Group / Alamy, p. 122 : © Lionel Hahn/ABACAPRESS.COM, p. 124 : © Casey Flanigan/imageSPACE/Sipa USA/Alamy Live News, p. 126 : © Fabio Diena / Alamy

ISBN : 978-2-37815-372-4

IMPRIM'VERT®

Achevé d'imprimer en avril 2024 sur les presses de la SEPEC en France
Numéro d'impression : 19387240301

Certifié PEFC

Ce produit est issu de forêts gérées durablement et de sources contrôlées

PEFC

10-31-1470

www.pefc-france.org

MORGANE GIULIANI

TAYLOR ALISON SWIFT

La rebelle devenue icône

Talent Éditions

Sommaire

La seule artiste dont six albums se sont vendus à un million d'exemplaires dès la première semaine de sortie.

TAYLOR SWIFT, L'HISTOIRE D'UN RÊVE AMÉRICAIN

Taylor Alison Swift naît le 13 décembre 1989 à West Reading, une petite ville de l'État de Pennsylvanie, au nord-est des États-Unis. Son père, Scott Swift, agent de change, et sa mère, Andrea Swift, responsable marketing dans un fonds d'investissement, se sont mariés un an plus tôt à Houston, au Texas. Référence au chanteur et compositeur James Taylor, ce prénom mixte lui a aussi été choisi pour lui offrir de meilleures chances de faire carrière en tant que femme. En 1992, ils accueillent un garçon, Austin. La famille s'installe dans une belle maison située sur une immense ferme de sapins de Noël. Un cadre idyllique, mais personne n'échappe au travail de la ferme. De ses cinq à dix ans, la petite Taylor est chargée de retirer les cosses déposées par des mantes religieuses sur les sapins, avant leur mise en vente. L'automne et les fêtes de fin d'année y sont féériques, et deviennent ses saisons préférées.

C'est d'ailleurs le 25 décembre 1997 qu'elle reçoit sa première guitare. Son père immortalise le moment à la caméra : la petite fille de huit ans est bouche bée, les yeux écarquillés. Rien n'aurait pu lui faire plus plaisir. Quand elle ne fait pas de compétition équestre, Taylor est attirée par le piano, chantonne avec sa grand-mère maternelle, Marjorie Finlay, chanteuse lyrique. Mais c'est la musique country qui attrape son coeur au lasso, grâce à Blue (1996), premier album de LeAnn Rimes, qui n'a que quatorze ans. À son concert, Taylor est au premier rang, armée d'une grande banderole. La fillette a une épiphanie : quand elle sera grande, elle veut devenir chanteuse de country.

Pine Ridge
Farm

LeAnn
Rimes
CURB
20TH ANNIVERSARY
LIMITED EDITION COLORED VINYL
FEATURING
THE SMASH HITS,
"BLUE"
"ONE WAY TICKET"
"THE LIGHT IN YOUR EYES"
- AND MORE -
FREE DIGITAL COPY INCLUDED
blue

La jeune Taylor ne ménage pas ses efforts : troupe de comédie musicale pour enfants, castings à Broadway, allers-retours hebdomadaires avec sa mère en voiture à New York, pour des cours de chant. En gagnant un concours de karaoké, elle se retrouve à faire la première partie du chanteur de country Charlie Daniels, et elle est invitée à interpréter l'hymne national à des événements sportifs locaux, dont un match de l'équipe de basketball de Philadelphie. T-shirt bardé du drapeau à étoiles, la collégienne chante avec le sourire devant plusieurs milliers de personnes. L'écriture l'attire aussi. À dix ans, elle remporte un concours national de poésie, avec un poème nommé « Un monstre dans mon placard ». Voyant que ses idoles country, LeAnn Rimes, Faith Hill, les Dixie Chicks (devenues The Chicks), ou Shania Twain, ont toutes vu leur carrière exploser à Nashville, la petite fille décide de leur emboîter le pas. À onze ans, elle convainc sa mère de passer une semaine des vacances de printemps dans la capitale de la country, située dans le Tennessee. Elle dépose des démos enregistrées lors de ses sessions karaoké à l'accueil des maisons de disques alignées sur l'emblématique Music Row. À chaque fois, elle leur sert le même topo : « Bonjour, je m'appelle Taylor. J'ai onze ans et j'aimerais signer un contrat d'artiste. Appelez-moi ! »

Mais l'opération est un échec : les labels ne croient pas à son potentiel, le public country étant surtout adulte et masculin. Au lieu de se démonter, la fillette de douze ans comprend qu'elle doit écrire ses propres chansons, et apprendre la guitare. Ce qu'elle fait sur une 12 cordes, alors qu'un prof lui avait dit que l'instrument était trop grand pour ses mains. Très vite, elle compose ses premiers morceaux. Serre-tête, sweat-shirt à rayures, Taylor Swift se filme dans sa chambre en train de chanter sa première chanson connue, « Lucky You », enregistrée en 2001 et sortie deux ans plus tard sur le label Leesport. « Il y a une petite fille dans cette petite ville/Qui donne un peu trop de son coeur/Qui pense qu'il faut toujours vivre, ne jamais dire jamais/Tu peux faire mieux, c'est ce qu'elle dit », raconte le premier couplet. Un aperçu de sa vie scolaire, digne de Mean Girls : « J'aimais la country et j'étais beaucoup plus grande que les autres, alors je me retrouvais souvent seule. » Elle est victime de harcèlement : « Le collège était assez dur, parce qu'un groupe de filles très populaires m'a laissé tomber. Elles trouvaient que je n'étais pas assez cool, ni jolie, donc elles ont arrêté de me parler », confiera-t-elle à Teen Vogue. « Si je n'étais pas rentrée tous les jours de l'école dans un état misérable, peut-être que je n'aurais pas été si motivée à écrire des chansons. Je devrais sûrement les remercier ! »

La musique n'est pas qu'une échappatoire, mais le début d'une nouvelle vie. En 2004, Taylor Swift signe un contrat de développement avec RCA Records : elle a un an pour faire ses preuves et donner envie au label de lui faire enregistrer un disque. Pendant que ses copains jouent à la console après les cours, elle écrit et compose jusqu'à en saigner des doigts, sur une guitare de la marque Taylor (avec laquelle elle n'a aucun lien). Une fois par semaine, elle retrouve la parolière Liz Rose, reconnue à Nashville pour avoir travaillé avec Tim McGraw ou Billy Gilman, deux stars de la country. Personne ne comprend pourquoi la quadragénaire accepte de travailler avec une adolescente qui n'a pas encore de contrat pour sortir un disque. Mais Liz Rose a confiance dans le talent de la jeune artiste, qui l'a accostée à un showcase de paroliers. « Taylor savait comment écrire une chanson à l'âge de treize ans », affirme-t-elle à Yahoo! Entertainment. Sans même devoir écrire les paroles à sa place, Liz Rose l'aide à rassembler ses pensées et édite ses textes. Fin 2004, Swift fait sa première apparition nationale à Good Morning America, matinale télévisée la plus regardée du pays, gloss clair, boucles blondes, et grand sourire.

SEARAY
420 SUNDANCER
PRING 2006

À côté de la musique, Taylor Swift se décrit comme une adolescente « next-door », sage, proche de sa famille, têtue, timide mais qui « adore être enthousiaste », travailleuse (ses résultats scolaires sont excellents) et perfectionniste. Elle aime peindre, faire du cheval, cuisiner. Dans son lecteur mp3, elle charge des titres de Miranda Lambert, Paul McCartney, Fall Out Boy. Elle écoute de tout, pourvu que la musique soit de qualité, et les paroles, fortes, dit-elle. Elle dévore aussi les séries télévisées Friends, Grey's Anatomy, ou New York, unité spéciale. Elle adore aller sur Internet, notamment MySpace, où elle poste des vidéos de ses morceaux, prestations, ou raconte son quotidien avec autodérision. « Je cogite beaucoup et je suranalyse tout. Je ne suis pas blasée », écrit-elle. Elle a convaincu sa famille de déménager près de Nashville, pour multiplier ses chances de réussite.

Au bout d'un an, RCA lui propose de prolonger son contrat de développement, et d'enregistrer des morceaux qu'elle n'a pas écrits. Déçue, elle refuse. Mais elle rebondit aussitôt en devenant la plus jeune artiste à signer un contrat d'édition en tant que parolière avec Sony/ATV, à quatorze ans. Après le lycée, sa mère la dépose aux bureaux de Sony pour des sessions d'écriture avec d'autres paroliers, bien plus âgés et expérimentés. Dans ses cahiers, l'adolescente griffonne des couplets, et s'oblige à présenter sans cesse de nouvelles idées à ses coauteurs. Le soir, elle se produit dans des bars, cafés, clubs, karaokés, en espérant percer. Hannah Montana n'a qu'à bien se tenir.

Un homme de l'industrie musicale va finalement croire en elle : Scott Borchetta. Ce chargé de promotion pour Dreamworks Records se rend à un showcase de Taylor au Bluebird Café, repaire de la scène musicale à Nashville. Cette soirée va bouleverser leurs carrières. Borchetta réalise un coup de poker en la persuadant de signer avec lui, alors qu'il n'a pas encore monté son propre label, le futur Big Machine Records. Taylor suit son instinct, et accepte de sortir six albums avec le tout jeune label. La chaîne locale WSMV 4 vient la filmer dans son lycée. Elle interprète « Picture To Burn » et « Teardrops On My Guitar », qui seront présentes sur son premier album : « La plupart des gens découvrent ce qu'ils ont envie de faire de leur vie à la fac. Mais pour ma part, je l'ai compris un peu plus tôt. Et j'en suis reconnaissante, parce que je suis en train de réaliser mon rêve. »

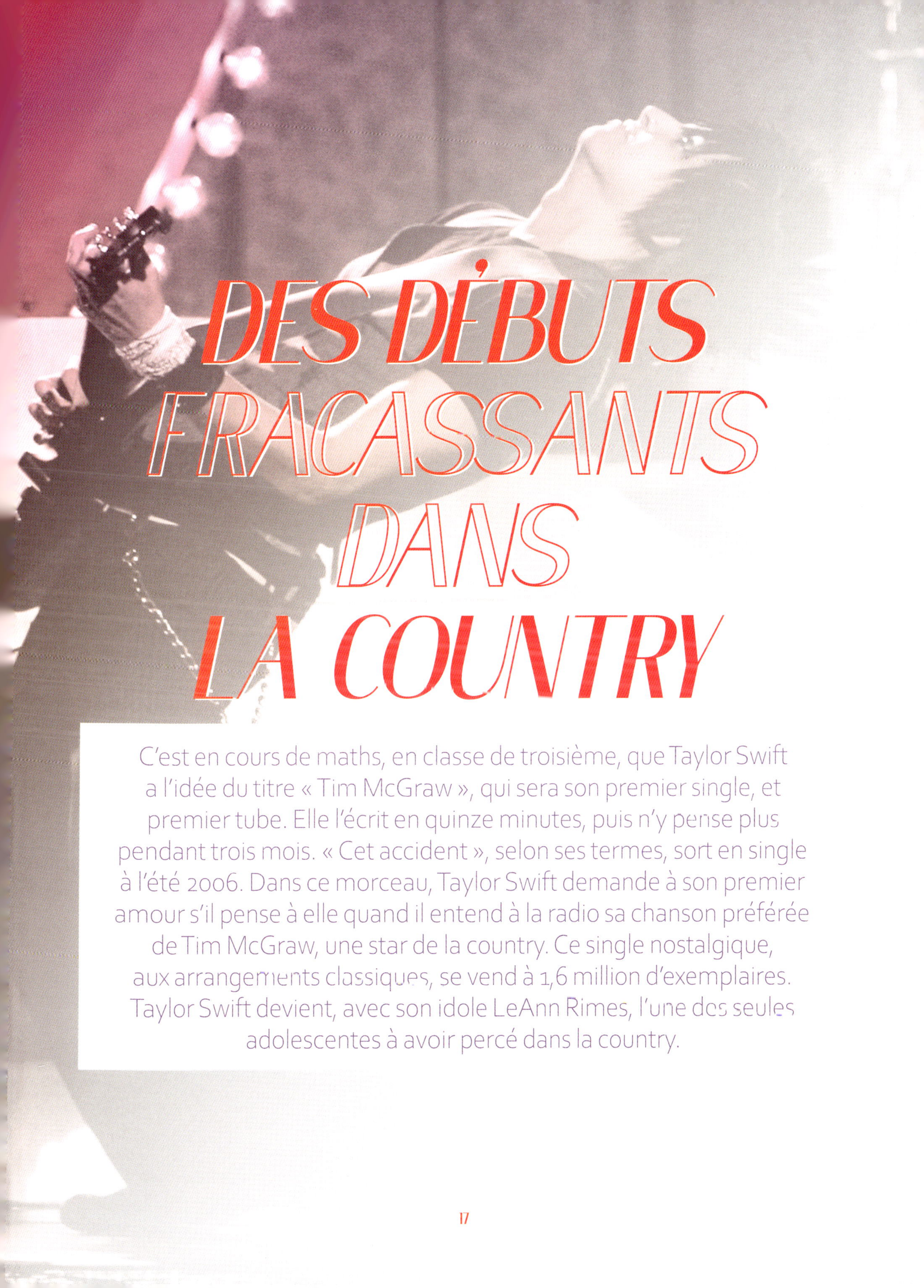

DES DÉBUTS FRACASSANTS DANS LA COUNTRY

C'est en cours de maths, en classe de troisième, que Taylor Swift a l'idée du titre « Tim McGraw », qui sera son premier single, et premier tube. Elle l'écrit en quinze minutes, puis n'y pense plus pendant trois mois. « Cet accident », selon ses termes, sort en single à l'été 2006. Dans ce morceau, Taylor Swift demande à son premier amour s'il pense à elle quand il entend à la radio sa chanson préférée de Tim McGraw, une star de la country. Ce single nostalgique, aux arrangements classiques, se vend à 1,6 million d'exemplaires. Taylor Swift devient, avec son idole LeAnn Rimes, l'une des seules adolescentes à avoir percé dans la country.

Son premier album, intitulé *Taylor Swift*, sort le 24 octobre 2006. Il est inspiré de sa vie, et de celle de ses amis. Sur les 250 morceaux qu'elle a écrits, Swift en retient onze, dont « The Outside », écrite à douze ans alors qu'elle se sentait ostracisée par ses camarades. Sur la moitié du disque, Liz Rose lui a prêté main-forte, y compris pour les singles « Tim McGraw », « Teardrops On My Guitar » et « Picture to Burn ». Ce premier disque est aussi marqué par la production de Nathan Chapman, musicien que Taylor Swift a repéré et qui l'a aidée à enregistrer ses premières démos.

Le deuxième single, « Teardrops On My Guitar », chanson sur un amour non réciproque, fait encore mieux que « Tim McGraw ». Son sujet universel lui permet d'être diffusée par des radios pop. « Il est la chanson que je continue à chanter dans la voiture, je ne sais pas pourquoi », dit-elle, avec son sens inné de la formule. Le clip montre Swift en lycéenne amoureuse d'un ami, qui se lamente dans des robes de princesse, allongée avec sa guitare. Avec son troisième single, « Our Song », Swift décroche la première place du Top Country, un record pour une artiste aussi jeune. Ce titre au banjo entêtant ? Elle l'avait d'abord écrit pour un concours de talents en classe de quatrième.

Pendant six mois, Swift défend son premier album en faisant la tournée des radios, et en première partie de groupes ou artistes country comme Rascal Flatts, George Strait et Brad Paisley. Santiags, robes bain de soleil, boucles blondes bien dessinées, son apparente candeur est éclipsée par son dynamisme sur scène, sa maturité humble en interview. *Taylor Swift*, le disque, dépasse les 500 000 exemplaires vendus en moins de trois mois.

Pendant ce temps, la jeune fille est toujours scolarisée, et vit encore chez ses parents. People Magazine la photographie dans sa chambre, à l'esthétique bohème, aux tons pourpres et verts.

Aux murs se trouvent des photos de proches, le premier disque d'or remporté par son album, et un autoportrait d'elle en peinture.

En 2007, elle est sacrée Nouvelle Artiste féminine de l'année aux Academy of Country Music Awards (ACM), et Nouvel Artiste de l'Année aux Country Music Association Awards (CMA), messes de ce genre musical. Partout où elle se rend, c'est la cohue, et les médias se l'arrachent. Elle fait sa première apparition dans le talk-show d'Ellen DeGeneres, alors très populaire. Son disque dépasse les deux millions d'exemplaires vendus. Ce succès grandissant l'oblige à renoncer au lycée, pour des cours à domicile. Elle termine sa scolarité en une seule année au lieu de deux, et obtient son diplôme. Sa vie n'a plus rien d'ordinaire : elle loupe le rituel de la « senior prom », le bal de terminale, parce qu'elle est nommée dans la catégorie Meilleur Nouvel Artiste aux Grammys. Partie sur les routes avec Rascal Flatts, elle manque aussi sa remise de diplôme. En octobre, elle repart avec le prix de l'Artiste country féminine de l'année aux American Music Awards. Une belle consolation.

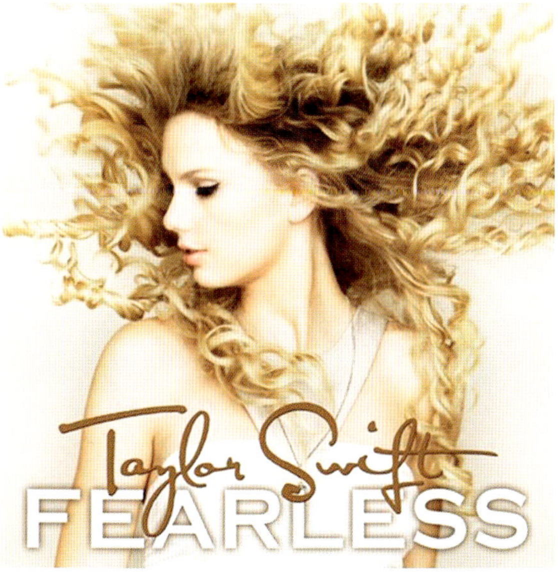

Le 11 novembre 2008 sort son deuxième album, *Fearless*, au son country pop. Elle le coproduit avec Nathan Chapman, écrit la moitié des chansons seule, et les autres, en collaboration avec des parolières, dont Liz Rose. Puisé dans le même tourment adolescent que son prédécesseur, *Fearless* pousse le romantisme à son paroxysme à travers le culte de l'amour impossible. « Love Story » et « You Belong With Me », aux envolées irrésistibles, tournent en boucle à la radio et sur MTV. Pour le clip du premier, inspiré de *Roméo et Juliette*, Swift se montre en princesse aux robes merveilleuses, et au prince charmant parfait. Pour le second, elle incarne une première de classe maladroite et impopulaire, amoureuse de son voisin quarterback en couple avec une autre fille, montrée comme une « peste » vulgaire. À l'opposé, Swift fait preuve de nuance et de maturité dans les morceaux « Fifteen » ou « White Horse », où elle dit que la vie ne ressemble pas aux contes de fées. Dans « Fifteen », inspirée d'un chagrin d'amour de sa meilleure amie Abigail, Swift dit qu'elle accomplira de plus grandes choses dans sa vie que sortir avec un garçon. La chanteuse se montre en indéfectible romantique, mais pas à n'importe quel prix. « Je suis fascinée par l'amour, plutôt que le fait de se demander "Oh, est-ce que ce mec m'aime bien ?" » explique-t-elle à Rolling Stone. « J'adore l'amour. J'adore l'étudier, et le regarder. » Elle confie même avoir aidé le garçon ayant inspiré « Fifteen » à reconquérir Abigail.

Fearless fait exploser sa popularité. Vue comme une idole sage et positive, par opposition aux soi-disant dépravées Britney Spears ou Lindsay Lohan, Swift est rangée dans la même catégorie que les Jonas Brothers, Selena Gomez ou Miley Cyrus, ces ados-stars de Disney poussés à valoriser la chasteté, très en vogue dans les États-Unis conservateurs des années 2000. Ainsi, les journalistes s'émeuvent que Swift n'ait jamais bu d'alcool ni fumé de cigarette. Les parents peuvent dormir sur leurs deux oreilles.

AMERIC
MUS
AWA

Avec onze semaines en tête des ventes, *Fearless* s'écoule à plus de trois millions d'exemplaires. Il fait de Taylor Swift l'artiste la plus vendue aux États-Unis en 2008 et 2009, et la plus jeune de l'Histoire à y parvenir. Elle réalise sa grande première tournée solo, le Fearless Tour : 52 dates réunissant plus d'un million de spectateurs à travers les États-Unis et le Canada, dont l'emblématique Staples Center de Los Angeles, complet en deux minutes. Elle donne même son premier concert dans un stade, au Gillette Stadium de Foxborough (Massachusetts). Superstitieuse, la chanteuse dessine à l'eye-liner son chiffre préféré, le 13, sur sa main gauche, avant de monter sur scène. Ses fans ne tardent pas à l'imiter. Sa popularité dépasse largement le public country, et les frontières états-uniennes. Swift rajeunit considérablement l'image de cette musique populaire délaissée par la jeune génération des années 90-2000.

Le 13 septembre 2009, elle devient d'ailleurs la première artiste country à remporter le prix du Meilleur clip de l'année pour une artiste féminine aux MTV Video Music Awards, grâce à la vidéo de « You Belong With Me ». Mais le rappeur Kanye West, trente-deux ans, l'interrompt pendant son discours de remerciement. Il lui confisque le micro, et dit : « Je vais te laisser finir, Taylor, mais Beyoncé a fait l'un des meilleurs clips de tous les temps. » Beyoncé, qui était en compétition pour « Single Ladies », est gênée de la scène. Taylor Swift se retire, sous les huées de la salle, adressées au rappeur. Plus tard, alors qu'elle reçoit le prix du Clip de l'année, Beyoncé l'invite sur scène pour qu'elle puisse terminer son discours. L'interruption de Kanye West est l'un

des premiers moments de pop culture à devenir viral sur YouTube. Même le Président des États-Unis d'alors, Barack Obama, qualifie le rappeur « d'imbécile ». Kanye présente ses excuses, mais l'histoire ne s'arrêtera pas là.

Malgré la polémique, *Fearless* devient l'album country le plus récompensé de l'Histoire. Swift est sacrée Artiste de l'année aux American Music Awards, devant Michael Jackson ou Eminem. Elle devient l'artiste la plus jeune de l'Histoire à remporter le Grammy du Meilleur Album de l'Année (succédée par Billie Eilish en 2020).

Au lieu de profiter de son succès, Taylor Swift s'impose un rythme de travail soutenu : sortir un album tous les deux ans. Le 25 octobre 2010, elle dévoile donc son troisième opus, *Speak Now*, qui mélange la country à un son pop-rock. Pensé comme un grand confessionnal, le disque décrit le passage de l'adolescence à l'âge adulte, et les revers de la célébrité : la surexposition médiatique, et les critiques. Cette fois, Swift a écrit seule les 14 chansons, voulant faire taire les sceptiques sur ses qualités d'autrice. Le single « Mean » s'adresse ainsi à un critique musical très virulent. « Un jour, je serai si grande/Que tu ne pourras plus m'atteindre/Et tout ce qu'il te restera, c'est ta méchanceté », prévient Swift au refrain, porté par le banjo. La chanson remportera deux Grammys, comme quoi être rancunier paie.

Elle n'en oublie pas pour autant le romantisme. Avec le single, « Mine », elle découvre les difficultés de la vie à deux auprès d'un compagnon imaginaire. Une thématique universelle, qui parle au grand public. « Tu as transformé en rebelle la fille prudente d'un homme imprudent/Tu es la meilleure chose qui ait jamais été mienne », clame-t-elle. Dans « Speak Now », Swift se met cette fois dans la peau d'une femme qui se lève pendant la cérémonie de mariage de son ex-petit ami, pour lui proposer de s'enfuir avec elle. L'assemblée lui jette « des regards horrifiés ». « Je ne suis pas le genre de fille à débarquer à un mariage/Mais tu n'es pas le genre de garçon/Qui devrait épouser la mauvaise fille ». Après *Roméo et Juliette*, Swift explore un autre pan de l'imaginaire collectif amoureux, tout droit tiré de comédies romantiques.

Une chanson favorite des fans est « Dear John », qui n'a rien de positif. Dans cette ballade, une jeune femme de dix-neuf ans reproche à son ex-petit ami, plus âgé, d'avoir joué avec elle. Le titre serait inspiré de sa relation avec le chanteur John Mayer, de dix ans son aîné. Depuis le succès de *Fearless*, et sa relation avec Joe Jonas, membre du trio pop Jonas Brothers, la vie privée de Swift fascine, puisqu'elle écrit sur ses expériences. Avec « Better Than Revenge », elle s'en prend à la femme pour laquelle Joe Jonas l'aurait quittée. Le refrain rabaisse l'intéressée en la faisant passer pour une « fille facile » : « Ce n'est pas une sainte, elle n'est pas ce que tu penses/C'est une actrice, woah/Elle est surtout connue/Pour ce qu'elle fait sur le matelas ». Une attaque sexiste, que Taylor Swift changera lors du réenregistrement de *Speak Now* en 2023.

Dès sa première semaine de sortie, *Speak Now* s'arrache à plus d'un million d'exemplaires, et caracole en tête des ventes. Il est aussi numéro 1 en Australie, au Canada et en Nouvelle-Zélande, numéro 6 au Royaume-Uni. Il finit par se vendre à plus de trois millions d'exemplaires. Une prouesse face au déclin des ventes de disques. S'ensuit une tournée mondiale, qui rejoint l'Europe, l'Asie et l'Océanie, en plus de l'Amérique du Nord. Avec plus de 100 millions de dollars de bénéfices, le Speak Now World Tour est la tournée la plus rentable de l'année 2011 pour un artiste solo, tous pays confondus. Cette fois, le monde entier est à l'écoute.

UN VIRAGE POP COURONNÉ DE SUCCÈS

2012. Les hipsters règnent sur les grandes villes, moustache retroussée et *latte* à la main, Ray-Ban noires et jean slim bien trop serré pour leurs brunchs du dimanche. Munis des premiers smartphones, ils calquent trois filtres sur leurs selfies pixelisés, avant de les publier sur Instagram ou Tumblr. Taylor Swift a vingt-deux ans, et elle est plus en phase avec son époque. Elle a troqué ses robes de princesse, santiags et boucles pour un short court tenu par des bretelles, un T-shirt blanc, un chapeau de feutre noir, des babies qui découvrent les chevilles, et de longs cheveux lisses. Et puis, une frange, improvisée lors d'un shooting pour *Vogue*, qui deviendra sa marque de fabrique. Son faux accent du Tennessee a disparu. Elle s'éclate sur Twitter et Instagram. La nouvelle Taylor Swift est née.

Si *1989* (2014) est son premier album pop « officiel », son virage vers la pop s'amorce à partir de *Red*, son quatrième album, qui garde néanmoins des sonorités rock et country. Nathan Chapman participe encore à la production, mais Swift décide de faire appel aux talents de Max Martin, le faiseur de tubes pop des années 2000, notamment pour Britney Spears, et Shellback, qui a aussi travaillé avec l'ancienne petite chérie de l'Amérique. Les fans suivent : plus d'un million d'exemplaires de *Red* sont vendus dès la première semaine de sortie, le 22 octobre 2012.

Ce changement se constate aussi dans ses clips. Exit les châteaux de princesse ou champs de blé du Tennessee, place à des appartements colorés (« We Are Never Ever Getting Back Together »), bars miteux (« I Knew You Were Trouble ») ou une fête entre filles dans une grande maison moderne (« 22 »). La nouvelle Taylor Swift veut s'amuser avec ses amies, rire de ses ex, retrouver liberté et insouciance. Même si sa mère n'est jamais bien loin. Elle se fait la porte-parole des millennials tout juste devenus adultes : « We're happy, free, confused/And lonely at the same time/It's miserable and magical », « On est heureux, libres, perdus/Et très seuls en même temps/C'est triste et magique ». « Mais c'est qui, Taylor Swift ? Ierk », demande une voix pendant un couplet. Une référence à son sentiment de solitude à l'adolescence, et un pied de nez aux hipsters (justement) qui préféreraient encore s'étouffer avec un cupcake plutôt qu'aimer sa musique. En se moquant d'eux, Taylor Swift montre qu'elle a atteint un point de sa carrière où même si vous n'aimez pas sa musique, vous voyez forcément qui elle est.

Rescapée d'histoires torturées, dont certaines avec des hommes plus vieux d'une dizaine d'années, Swift a découvert certains côtés sombres des relations amoureuses. *Red* est l'album où elle commence à relater des expériences plus complexes et adultes, qui ont pu atteindre sa confiance en elle. La couleur rouge évoque l'idée d'un amour passionné mais voué à l'échec. Pour autant, elle ne se laisse pas démonter. Dans « We Are Never Ever Getting Back Togeter », elle ridiculise un ex-petit ami snob, qui n'appréciait pas

sa musique. « And you would hide away and find your peace of mind/With some indie record that's much cooler than mine » : « Et tu fuyais, retrouvais tes esprits/Grâce à un album indé bien plus que cool que le mien. » Cette fois, elle en est sûre : elle ne se remettra pas en couple avec ce goujat, et offre un hymne d'encouragement à toutes les femmes tentées de texter leurs ex.

Dans « All Too Well », elle reproche cette fois sa cruauté à un ex-compagnon : « Et tu m'as appelée une nouvelle fois/Juste pour me briser comme une promesse/Si à l'aise dans ta cruauté, sous prétexte d'être honnête. » Dans « I Knew You Were Trouble », elle regrette d'être tombée amoureuse d'un homme, dont son instinct lui avait dit de se méfier. Pour le clip, elle incarne une jeune fille sage, changée par son petit ami « voyou », au point de se teindre le bout des cheveux en rose. « Mes amies et moi sommes terrifiées à l'idée que des garçons puissent nous changer », dévoile-t-elle au Guardian. « En y repensant, on peut se rendre compte que dans telle relation, on n'a porté que du noir. Ou on s'est mise à parler

différemment. Ou on a essayé d'agir comme une hipster. Ou on s'est éloignée de nos amis et de notre famille, parce que c'est ce que le mec voulait. C'est une situation bien regrettable. »

Malgré ses déboires, Taylor Swift reste une grande sentimentale : dans « Begin Again », elle raconte ce moment d'espoir et de surprise face à un « crush » naissant, alors qu'on pensait avoir tiré un trait sur l'amour. Le clip est tourné à Paris, ville de l'amour (à ce qu'il paraît...), dans un vieux café charmant, de vides rues pavées ornées de vieilles voitures, et sur des bords de Seine dépourvus de rongeurs. Swift ne résiste pas à la tentation de se rendre sur le pont des Arts (encore orné de milliers de cadenas déposés par des couples persuadés de finir leurs vieux jours ensemble) ni d'arborer une robe de star de cinéma sur les toits de la ville, contemplant l'Opéra et la tour Eiffel. Ce romantisme résistant aux désillusions plaît, puisque « Begin Again » est nommée aux Grammy.

Red devient le deuxième album le plus vendu de l'année 2012 aux États-Unis, en dépassant les 5 millions d'exemplaires écoulés. 1,7 million de personnes assistent au Red Tour, considéré comme la tournée country la plus rentable de l'Histoire avec 150 millions de dollars de bénéfices au compteur. C'est à partir de cette tournée que Taylor Swift intègre un petit set acoustique à ses concerts, choisissant une nouvelle chanson dans son répertoire chaque soir. Un moment depuis très attendu par les fans.

2014 est une année pivot pour Taylor Swift. En mars, elle quitte Nashville pour s'installer à New York. Elle achète un énorme appartement avec terrasse dans le quartier de TriBeCa, au sud de Manhattan, pour près de 20 millions de dollars. Elle le partage avec ses deux chats, Meredith Grey et Olivia Benson, nommés en référence aux héroïnes principales des séries Grey's Anatomy et New York, unité spéciale. Elle découvre la vie dans une mégapole internationale et palpitante, objet de fantasmes et temple de la pop culture par excellence. Elle s'entoure d'une bande d'amies célèbres (on y reviendra plus tard), comme les mannequins Karlie Kloss ou Cara Delevingne, avec lesquelles elle sort beaucoup. Elle décline les minijupes et « crop tops », fait couper ses longs cheveux en carré plongeant pour la première fois de sa vie. Lassée qu'on la réduise à sa vie amoureuse, et refroidie par de mauvaises expériences, c'est une période où elle préfère se concentrer sur son cercle d'amies. C'est aussi ce que lui aurait conseillé de faire sa toute nouvelle attachée de presse, Tree Paine, qui la suit comme son ombre depuis.

Ce nouveau quotidien new-yorkais semble être un détail pour vous, mais pour la chanteuse, c'est une révolution qui va en grande partie inspirer son virage définitif vers la pop, reflétant sa nouvelle vie. Elle fait à nouveau appel à Max

Martin et Shellback, mais s'entoure aussi de nouveaux collaborateurs, comme Jack Antonoff (qui deviendra son plus fidèle allié), Ryan Tedder (leader du groupe OneRepublic) ou la chanteuse Imogen Heap. Elle développe une amitié forte avec Jack Antonoff, chanteur, musicien, producteur et membre du groupe .FUN, qu'elle a rencontré aux MTV VMA de 2012. Ils se retrouvent pour travailler dans l'appartement où il vit avec sa compagne d'alors, Lena Dunham, créatrice et actrice principale de la série GIRLS, sur une bande d'amies new-yorkaises paumées. Les deux femmes se lient d'amitié, et Lena Dunham, idole féministe pour pas mal de millennials, fait partie de celles qui initient Swift à la cause (on y reviendra).

Le 27 octobre 2014 sort le cinquième album de Taylor Swift, *1989*. C'est donc bien un album de pop, notamment inspiré des années 80, marquées par les synthétiseurs. Le disque s'ouvre par le titre « Welcome to New York », chanson racontant sa découverte d'elle-même grâce à l'effervescence de New York, « où chacun cherche quelque chose en plus » et peut faire ce qu'il lui plaît », notamment « vouloir qui on veut/les garçons, les garçons, et les filles, et les filles ». De quoi faire pâlir de gêne son public country conservateur. Pourtant, là aussi, les fans suivent : *1989* se vend à plus d'un million d'exemplaires dès sa première semaine, et grimpe au sommet du top Billboard. Pour Jack Antonoff, ce succès s'explique par la prise de risque de Taylor Swift, qui excelle là où le public ne l'attend pas.

L'album contient un de ses plus gros tubes encore à ce jour : « Style », inspiré de sa relation avec Harry Styles, membre du boys band très populaire One Direction. Le refrain donne une nouvelle image de Swift, séductrice et sexy : « Tes cheveux longs et noirs, plaqués en arrière, un T-shirt blanc/Et moi j'ai cette foi de bonne fille, et une petite jupe serrée/Et quand on s'effondre, on se relève toujours/Parce que nous sommes intemporels ». *1989* est ainsi le premier album où elle commence à évoquer la sexualité, montrant

son envie de s'émanciper d'une image de fille « sage » qui ne s'intéresse pas « à la chose ». Avec « Wildest Dreams », elle raconte une relation furtive et passionnée : « Je lui ai dit "Personne n'a besoin de savoir ce que nous faisons"/Ses mains sont dans mes cheveux, ses vêtements sont dans ma chambre ».

Le sentiment amoureux demeure son obsession, et elle se présente même en leader d'une nouvelle génération fleur bleue dans « New Romantics ». *1989* est donc l'album de l'affirmation de soi pour Swift. Elle semble montrer une résilience face aux attaques médiatiques et venant du grand public. Avec les tubes « Shake It Off » et « Blank Space », elle répond aux détracteurs qui la réduisent à sa vie privée, se moquent d'elle pour ses courtes relations, et la dépeignent en idiote. Dans le clip de « Blank Space », elle devient ce que les médias attendent d'elle en incarnant une femme riche et folle, vivant dans un château, qui se balade avec des traînées de mascara et casse la voiture de son compagnon infidèle. Qui n'en a pas rêvé ? Pour le clip de « Bad Blood », chanson sur la trahison amicale, Swift se pose en meneuse de troupes en regroupant autour d'elle ses amies célèbres, de Selena Gomez à Karlie Kloss, en passant par Hayley Williams ou Ellie Goulding. Elles incarnent des espionnes qui s'entraînent à affronter une agente double.

En racontant comme personne les tribulations de sa génération, dont elle essaie d'incarner les hauts et les bas, Taylor Swift devient une icône pop. À croire que rien ne peut l'arrêter.

CHUTE ET RENAISSANCE

Pourtant, les années 2015 et 2016 s'avèrent très tumultueuses. On pourrait même parler de montagnes russes émotionnelles pour la chanteuse.

Le 8 février 2015, aux Grammy, Taylor Swift et Kanye West discutent comme de bons amis, et posent ensemble tout sourire, aux côtés de Kim Kardashian, épouse de West. Les deux artistes semblent réconciliés.

Dans les semaines suivantes, Taylor Swift commence à fréquenter Calvin Harris, chanteur, producteur et DJ britannique, bien connu pour ses tubes « Ready For The Weekend » ou « We Found Love », produit pour Rihanna. Les deux stars se rendent à des événements ensemble, et documentent leur amour sur les réseaux sociaux, entre barbecue et vacances paradisiaques. Un vrai couple des années 2010, la célébrité en plus.

C'est aussi l'époque où Taylor Swift se rend partout accompagnée de ses amies célèbres. Aux MTV VMA 2015, elle invite celles apparaissant dans le clip de « Bad Blood », qui remporte d'ailleurs le prix du Meilleur clip de l'année. Taylor Swift surprend en introduisant un trophée récompensant l'impact de Kanye West sur l'art du clip musical. Sur scène, elle fait même un clin d'œil à son coup d'éclat des MTV VMA 2009 : « Je dois dire à tous les gagnants de ce soir : "Je suis très heureuse pour vous, et je vais vous laisser terminer, mais Kanye West a eu l'une des meilleures carrières de tous les temps !" » Le rappeur commence son discours en la remerciant : « Merci, Taylor, d'être si affable, et de m'avoir remis ce prix ce soir. »

Pendant ce temps, les chiffres de vente de *1989* sont impressionnants : plus de 5 millions d'exemplaires en sont vendus d'ici l'été 2015. À côté, Swift mène de front sa quatrième tournée, le 1989 World Tour. Son show le plus ambitieux jusqu'alors, avec une pléiade d'invités différents

sur scène, chanteurs ou non, comme Ed Sheeran, Gigi Hadid, Serena Williams ou Lorde. La tournée attire plus de 2 millions de personnes dans le monde, et amasse 250 millions de dollars de recettes. Ce qui en fait la tournée la plus rentable de l'année, et la plus rentable de l'Histoire pour une artiste femme aux États-Unis. Taylor Swift termine donc 2015 sur un nuage, et ne se doute pas qu'une succession d'événements vont la faire tomber de son piédestal.

D'autant que 2016 commence sur les chapeaux de roues. Le 15 février, elle remporte trois prix aux Grammy, dont celui du Meilleur album pour *1989*. Taylor Swift devient la première artiste féminine de l'Histoire à décrocher deux fois ce prix prestigieux. Elle monte sur scène entourée de ses collaborateurs, dont Jack Antonoff, Max Martin ou Ryan Tedder, et profite de son discours de remerciement pour lancer un message féministe : « Je veux dire ceci à toutes les jeunes femmes : des personnes que vous croiserez sur votre route tenteront de minimiser ou de s'attribuer votre succès ou votre popularité. Mais si vous vous concentrez sur votre travail, et que vous ne laissez pas ces personnes vous tirer vers le bas, un jour, quand vous atteindrez votre but, vous regarderez autour de vous et vous saurez que c'est vous, et les personnes qui vous aiment, qui vous ont portée jusque-là. Et ce sera la meilleure sensation au monde. »

Taylor Swift a-t-elle des dons de clairvoyance ? On peut se poser la question vu ce qui se passe ensuite. Le 1er avril, Kanye West sort « Famous », premier single issu de son nouvel album, *The Life of Pablo*. Il y réfléchit à la place de la célébrité dans sa vie. À cette époque, le rappeur est au sommet de sa carrière. Avec sa femme, Kim Kardashian, mega star de téléréalité et entrepreneuse qu'il a épousée au château de Versailles (en toute simplicité), ils forment le couple le plus puissant et populaire du moment.

Dès le premier couplet de « Famous », Kanye dit : « I feel like me and Taylor might still have sex/ Why? I made that bitch famous (Goddamn) », soit « Je crois que moi et Taylor pourrions toujours coucher ensemble/ Pourquoi ? Parce que j'ai rendu cette salope célèbre (Bordel de Dieu) ». Bien que la chanson soit assez longue, c'est cette phrase qui est reprise partout, inspirant dégoût et sidération chez les Swifties. Par communiqué, la popstar qualifie le single de sexiste. Kanye West réplique en affirmant qu'elle lui avait donné son autorisation pour le sortir. Kim Kardashian en rajoute une couche en diffusant en ligne un morceau d'un appel téléphonique entre son époux et Taylor Swift. Kanye West lui dit qu'il veut la mentionner dans son prochain morceau, et elle lui donne sa bénédiction. Les fans du couple et ses « haters » habituels se déchaînent contre elle.

Taylor Swift tente de mener sa vie comme si de rien n'était. Elle révèle avoir écrit les paroles de « This Is What You Came For », nouveau tube de Calvin Harris avec Rihanna au chant, qui sort fin avril. En mai, elle se rend au Met Gala, et surprend avec un nouveau look sombre, ses cheveux blonds décolorés, presque blancs, comme beaucoup de millennials en pleine crise existentielle. Elle rompt avec Calvin Harris, et fréquente dans la foulée l'acteur britannique Tom Hiddleston (Loki dans Avengers), pendant quelques semaines.

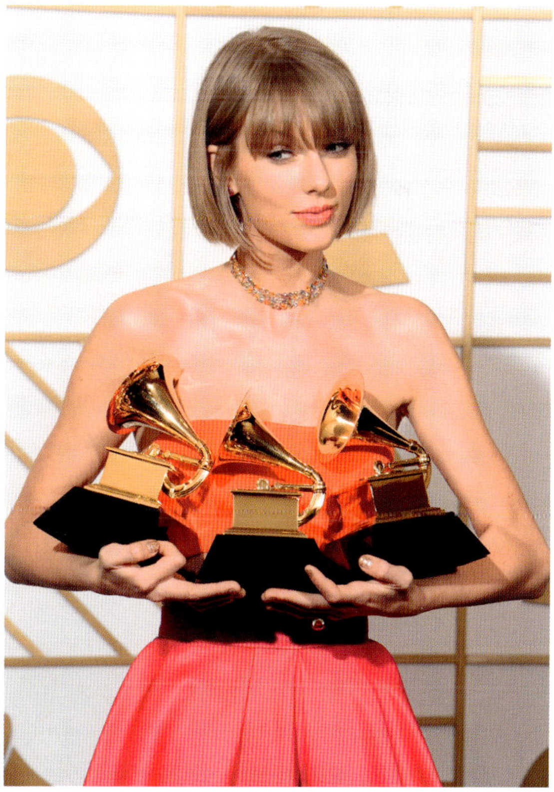

Mais l'affaire « Famous » n'est pas terminée. Le 1er juillet, le clip de « Famous » sort, et l'humilie davantage encore. Kanye West y apparaît dans un immense lit, entouré de statues hyper réalistes de célébrités nues. À sa gauche se trouve une statue de son épouse, et à sa droite, une de Taylor Swift. Kim Kardashian fait tomber le couperet final en tweetant, le 18 juillet : « Attendez, c'est la journée nationale du serpent ? Il y a vraiment des fêtes pour n'importe qui, enfin, n'importe quoi de nos jours ! » Le message est clairement adressé à Taylor Swift, le mot « snake » (« serpent »), pouvant désigner une personne malhonnête. Swift répond qu'elle souhaite « être laissée en dehors de cette histoire ». Mais c'est trop tard. Elle est victime d'une vaste campagne de cyberharcèlement, des milliers d'internautes inondant ses réseaux sociaux de commentaires avec des emojis serpent. Une bonne partie de l'opinion publique et médiatique scande que « la vraie » Taylor Swift apparaît enfin au grand jour : une manipulatrice qui aurait bâti sa carrière en « jouant à la victime ».

Blessée, Taylor Swift disparaît presque de la surface de la Terre en 2017. On sait qu'elle est désormais en couple avec un autre acteur britannique, cette fois inconnu du grand public, un certain Joe Alwyn. Mais ils sont très discrets. On entend à nouveau parler d'elle à l'été 2017, quand

s'ouvre le procès où elle accuse un présentateur radio d'agression sexuelle (on y reviendra).

Côté musique, elle fait son grand retour avec le tonitruant « Look What You Made Me Do », réponse énervée à Kanye West, en août. « L'ancienne Taylor ne peut pas répondre au téléphone. Pourquoi ? Parce qu'elle est morte », explique-t-elle. Le clip, très ambitieux, montre Swift en revenante qui se débarrasse de toutes ses alter ego passées. « Je ne fais confiance à personne/Et personne ne me fait confiance/Je serai l'actrice principale de tes cauchemars », résume-t-elle dans le refrain. Elle se réapproprie aussi la figure du serpent, en l'affichant sur ses réseaux, et dans le clip. Le 10 novembre 2017, elle sort un album surprise : *Reputation*. Ce sixième disque est très différent de ce qu'elle a pu proposer jusqu'alors, puisqu'il mélange l'électropop à des sonorités R&B et hip-hop. *Reputation* tire un trait sur une possible réconciliation avec Kanye West (« This Is Why We Can't Have Nice Things »), et raconte les débuts de son histoire d'amour avec Joe Alwyn (« Gorgeous », « Delicate », « King Of My Heart », ...). Elle présente son compagnon comme celui qui l'a aimée alors que « sa réputation était au plus bas », « le roi de son coeur », celui dont elle rêve d'être « la dernière relation ».

Taylor Swift fait plus que réussir son comeback : sa carrière progresse encore d'un échelon. Ses fans sont à nouveau à ses côtés : *Reputation* se vend à plus d'un million d'exemplaires dès sa première semaine de sortie, comme ses trois précédents disques. Un record.

Nommée aux Grammy, elle remporte trois American Music Awards, dont celui d'Artiste de l'Année en 2018. Elle réalise aussi sa première tournée des stades avec le Reputation Stadium Tour, qui devient la tournée la plus rentable de l'Histoire de l'Amérique du Nord avec 350 millions de dollars de bénéfices. Il n'y a pas de doute : Taylor Swift est un phénix.

Après ce disque sombre, Taylor Swift refait un virage à 180 degrés avec son septième album, *Lover*, qui sort le 23 août 2019 et propose une pop joyeuse, aux couleurs pastel. Premier disque dont elle détient les droits, elle décide de le consacrer à l'exploration de l'amour, à travers le couple, l'amitié et la famille. Elle revient donc à ce qui la fascinait au début de sa carrière. En couple avec Joe Alwyn depuis trois ans, elle lui déclare sa flamme dans la douce ballade « Lover », et dit être prête à l'épouser avec « des alliances en papier » (« Paper Rings »). Mais elle révèle également ses difficultés à être dans une relation (« Afterglow »). En référence à son disque *Red* (2012), elle explique : « Je croyais que l'amour était rouge, mais il est doré » (« Daylight ») : le vrai amour n'est pas censé être tumultueux, torturé, mais calme et lumineux. Elle s'adresse aussi à sa mère, souffrant d'un cancer, dans « Soon You'll Get Better », chanté en duo avec ses idoles The Chicks.

Par ailleurs, *Lover* est son premier album politique, entre féminisme (« The Man »), soutien aux communautés LGBT+ (« You Need To Calm Down ») et dénonciation de la politique réactionnaire de Donald Trump (« Miss Americana and the Heartbreak Prince ») (on y reviendra). Quelques mois plus tôt, la chanteuse est sortie de son long silence politique pour soutenir un candidat démocrate aux élections de mi-mandat. Ce faisant, Taylor Swift coupe l'herbe sous le pied de ceux qui la pensaient républicaine, parce qu'elle vient de la country.

C'est donc l'album de toutes les prises de risque pour Swift. Elle décide de passer à la réalisation, en réalisant le clip de « The Man ». Elle s'y déguise en homme d'affaires vulgaire et admiré de tous, pour dénoncer le fait que la réussite est permise aux hommes, peu importe leur comportement. Elle coréalise et coproduit aussi le clip de « You Need To Calm Down », hymne anti-LGBTophobies, qui n'a cependant pas fait l'unanimité. Elle y imagine une sorte de camping coloré où vivent de nombreuses célébrités LGBTQ+ à ses côtés, comme les membres de l'émission *Queer Eye* (Netflix), la chanteuse lesbienne Hayley Kiyoko, l'actrice trans Laverne Cox, l'animatrice lesbienne Ellen Degeneres, et plusieurs drag queens comme RuPaul et Jade Jolie, qui incarne la chanteuse. Swift profite aussi du clip pour faire la paix avec Katy Perry, car la chanson dénonce le culte de la rivalité féminine. Le clip est désigné Vidéo de l'Année aux MTV VMA, et Taylor Swift invite les figurants à se joindre à elle pour accepter le prix.

Les Swifties font à nouveau preuve d'une fidélité remarquable, puisque *Lover* se hisse tout de suite à la première place des ventes, et dépasse le million d'exemplaires physiques vendus d'ici la fin 2019. La France ouvre enfin les bras à la chanteuse, qu'elle a toujours boudée, en l'accueillant pour un concert événement à l'Olympia le 9 septembre 2019. Il est visible sur Disney et son set acoustique est disponible sur les plateformes de streaming. Mais alors que Swift avait prévu une tournée des festivals en 2020, la pandémie de Covid-19 l'oblige à l'annuler. Cependant, elle offre vite à ses fans de quoi se mettre sous la dent.

UN APARTÉ FOLK TRIOMPHANT

Le printemps 2020 passe, sans qu'on puisse en profiter (sauf ceux réfugiés dans leur maison de campagne ou à la mer). Arrive l'été. Les cinémas, restaurants, salles de concert sont toujours fermés. Les Swifties se lamentent des concerts auxquels ils auraient dû aller. Et puis, le 24 juillet, leur idole leur offre une surprise : *Folklore*. Son huitième album, qu'elle a justement écrit pendant le confinement. Un disque qui n'était pas prévu, et qui embarque dans une dimension inédite pour Taylor Swift, entre indie folk et indie rock. Elle nous plonge au cœur de la forêt, pays du folklore, et une ambiance rustique à l'opposé de son habituelle esthétique urbaine. Pour l'aider à écrire et produire ce disque, la popstar a fait appel à Aaron Dessner, guitariste du groupe de rock indé américain The National. Personne n'aurait pu prédire cette collaboration. Son acolyte favori, Jack Antonoff, a aussi mis la main à la pâte. Et pour la première fois, son compagnon, Joe Alwyn, a participé à l'écriture de plusieurs chansons, sous le pseudonyme William Bowery. 2020 est une année fondamentale pour Swift sur le plan musical, mais aussi, pour deux autres raisons. La première, c'est que le fameux appel entre elle et Kanye West est dévoilé en intégralité par une source anonyme : le rappeur ne lui mentionne pas les paroles de ce qui deviendra « Famous ». Swift n'en avait donc pas eu connaissance avant la sortie du morceau. Elle n'avait pas menti. L'autre raison est la sortie du documentaire Miss Americana...

En résulte un disque introspectif, beaucoup porté par le piano, aux textes très travaillés et poétiques. Il est en partie basé sur des personnages imaginaires : les adolescents Betty, James et Augustine, qui forment un triangle amoureux. Taylor Swift l'explique par sa lassitude à voir ses chansons décryptées pour y voir des indices sur sa vie privée. À l'inverse de ses débuts, elle ne diabolise pas l'amante de ce triangle amoureux, Augustine. Elle lui donne la parole dans « August », où elle se rappelle un été auprès de James, quand elle espérait encore être choisie.

Le but de *Folklore* : refléter comment notre passé devient notre histoire, et nous suit toute notre vie. Le single principal est « Cardigan », où une femme s'adresse à un amant connu dans sa jeunesse, qu'elle n'a jamais oublié. Dans le clip, qu'elle réalise, Swift traverse plusieurs dimensions à travers son piano, montrant la magie de la musique.

L'album est aussi marqué par « Exile », duo avec nul autre que Justin Vernon, dit Bon Iver, l'un des artistes principaux de la folk contemporaine, connu pour ses albums déchirants et innovants. « Exile » raconte le dialogue de deux ex-amants, séparés car ils n'ont pas su communiquer. Swift célèbre aussi son amour pour Alwyn (« Invisible String », « Hoax ») et s'inquiète que les inconvénients à être en couple avec une popstar épiée deviennent un jour trop difficiles pour lui (« Peace »). Dans une interview à Apple Music, elle se plaint que sa musique ait souvent suscité une curiosité envers sa vie personnelle, plutôt qu'un intérêt sérieux pour ses propositions artistiques. Elle enregistre également Folklore: the long pond sessions, pour Disney +. Un enregistrement acoustique de l'album, réalisé dans le studio d'Aaron Dessner, où la signification de chaque chanson est expliquée par l'artiste elle-même.

Mais Taylor Swift n'a pas dit son dernier mot pour 2020, prenant à cœur le concept de télétravail. Le 11 décembre, elle sort un nouvel album surprise : *Evermore*, présenté comme « la sœur de Folklore ». Également écrit et produit avec Dessner et Antonoff, ce neuvième disque s'inscrit dans une ambiance encore plus nostalgique, voire, amère. Swift y incarne une femme à l'amour dévoué, qui n'est pas apprécié à sa juste valeur (« Willow », « Champagne problems », « Tolerate it », « Coney island », « Evermore »), mais qui fait preuve de résilience (« Long Story Short », « Closure », « Happiness »). Sur un plan personnel, Swift célèbre la mémoire de sa grand-mère maternelle, dans le titre scintillant « Marjorie », où on l'entend d'ailleurs chanter. Le titre résume la philosophie de vie qu'elle lui a transmise : « Ne sois jamais si gentille/Que tu en oublies d'être intelligente/Ne sois pas si intelligente/Que tu en

oublies d'être gentille/Ne sois jamais si polie/Que tu en oublies ton pouvoir/Ne prends jamais trop de pouvoir/À en oublier d'être polie ». Avec « Long story short », elle s'adresse à son moi passé : « Je veux te dire que tu ne dois pas te perdre dans ces histoires insignifiantes/Tes némésis/S'anéantiront seules avant que tu aies l'occasion de frapper ». Comme elle en a désormais l'habitude, Swift réalise un clip, cette fois pour le single « Willow », suite du clip de « Cardigan ». Cette fois, la chanteuse se montre en sorcière qui renoue avec un amour d'enfance.

Difficile de ne pas se répéter, mais c'est un fait : les fans sont à nouveau au rendez-vous. *Folklore* et *Evermore* se hissent à la première place des ventes, et s'écoulent à plus d'un million d'exemplaires durant leur première semaine de sortie. Ils participent même à relancer le marché du disque vinyle. « Cardigan » et « August » ont chacune dépassé le milliard d'écoutes en ligne. Cerise sur le gâteau, *Folklore* décroche le Grammy du Meilleur album de l'année. Taylor Swift bat donc son propre record, et demeure l'artiste féminine ayant le plus de fois reçu cette distinction.

2020 est aussi une année fondamentale à cause de la sortie du documentaire Miss Americana sur Netflix, qui suit Taylor Swift pendant la période entre le Reputation Stadium Tour et l'enregistrement de *Lover*. L'artiste, alors âgée de vingt-huit ans, se dévoile comme jamais. Elle révèle avoir souffert de troubles du comportement alimentaire, s'être « affamée » pour respecter des canons de beauté nocifs. Elle donne un aperçu de sa vie auprès de Joe Alwyn, avec de nombreux plans à la campagne. Elle relate sa quête de confiance en soi et d'autonomie dans une industrie musicale sexiste et violente. Dans une scène fondamentale, on la voit argumenter face à son entourage son envie de s'engager politiquement, face au tournant ultraconservateur pris par le Président Donald Trump. On y reviendra. Elle avoue aussi sa peur de ne plus avoir de succès après ses trente ans, la musique pop préférant les femmes très jeunes. Sur ce plan, la suite lui donnera tort.

From Emmy® Winning Director LANA WILSON and
Academy Award® Winning Filmmakers Behind 20 FEET FROM STARDOM
sundance
A NETFLIX ORIGINAL DOCUMENTARY
Miss Americana
TAYLOR SWIFT
IN SELECT THEATERS AND ON
NETFLIX | JAN 31

taylor swift
folklore
the long pond studio sessions
Disney+
Original Film Streaming Nov. 25

LES TAYLOR'S VERSIONS

2021 est aussi une année charnière pour Taylor Swift. Pourquoi ? Deux ans plus tôt, son ancien label, Big Machine Records, qu'elle a quitté pour Republic Records (Universal), a vendu les masters de ses six premiers disques, c'est-à-dire, leurs enregistrements originaux (dits « master recordings »), à partir desquels sont fabriquées des copies destinées à la vente. Big Machine Records a vendu ces masters sans le consentement de Swift, et alors qu'elle cherchait à les racheter.

Pourquoi le voulait-elle ? C'est un peu technique, mais promis, ce n'est pas très compliqué. Le propriétaire des master recordings peut être l'artiste, ou le label, ou le producteur, voire tous à la fois (mais c'est plus rare). En fait, tout dépend du contrat signé par l'artiste, et de son implication financière dans l'enregistrement et la production de sa musique. C'est un point primordial, car le propriétaire des master recordings détient les droits d'exploitation de ces masters. Cela veut dire que lui seul peut en autoriser la commercialisation de copies, mais aussi, l'utilisation des chansons dans des films, publicités, séries TV, jeux vidéo (ce qu'on appelle « la synchronisation »), ou encore, en tant que sample par d'autres artistes. En retour, le propriétaire des master recordings perçoit de l'argent sur ces synchronisations et ventes. Pour un·e artiste, détenir ses master recordings, c'est donc avoir la possibilité de maximiser son profit à partir de sa musique. Cerise empoisonnée sur le gâteau de l'horreur, Scott Borchetta, patron de Big Machine Records et mentor initial de Swift, a vendu ces six masters à Scooter Braun, manager de stars (dont Justin Bieber et Kanye West) qu'elle accuse de harcèlement moral et manipulation (ce qu'il a toujours nié). Quelques mois plus tard, Scooter Braun revend à son tour les masters des six premiers albums de Swift à un fonds d'investissement privé. Pour la popstar, c'est l'affront de trop.

Swift affirme n'avoir plus qu'une option : réenregistrer ses six premiers albums. Un projet d'une ampleur inédite dans l'histoire de la musique, et qui fait d'elle une porte-parole des artistes lésés par les maisons de disques. Cela lui permet aussi de conquérir un nouveau public, intrigué et touché par l'affaire, en plus de son énorme communauté de fans fidèles.

Swift ressort d'abord son deuxième album, *Fearless* (2008), sous le titre *Fearless (Taylor's Version)*, le 9 avril 2021. Tous les titres ont donc été réenregistrés en studio, avec les mêmes collaborateurs qu'à l'époque. Bien sûr, la voix de Taylor Swift ayant changé, vieilli, et les conditions d'enregistrement étant meilleures qu'à l'époque, le résultat diffère du *Fearless* initial *Fearless (Taylor's Version)* inaugure la marche à suivre de la popstar. Elle écrit un texte donnant le contexte et la signification de chaque album dans son parcours. « Fearless était un album plein de magie et de curiosité, de l'ébahissement et de la dévastation de l'adolescence », se souvient-elle, se disant aussi « honorée » d'avoir pu être une adolescente en même temps que ses fans. « C'était le journal intime d'aventures et d'explorations d'une adolescente qui apprenait des petites leçons de chaque nouvelle petite fissure dans la fin de conte de fées qu'on lui avait montré dans les films. »

De plus, chaque album réenregistré propose son lot de titres inédits, écrits à l'époque de l'album initial. Ces morceaux sont désignés comme « From The Vault », c'est-à-dire « sortis du coffre ». Pour les produire, Swift s'en remet à son bras droit, Jack Antonoff, ou Aaron Dessner. *Fearless (Taylor's Version)* propose par exemple

l'inédit « Mr. Perfectly Fine », où une jeune fille s'agace que son ex-petit ami, qui l'a quittée, se porte comme un charme. Du Taylor Swift de la première heure, pur jus concentré. On découvre aussi « That's When », chanson d'amour acoustique en duo avec Keith Urban, star de la country et soutien de la chanteuse.

L'enthousiasme autour de la sortie de ce premier disque réenregistré est phénoménal, puisqu'il décroche la première place des ventes. Swift devient alors la première artiste de l'Histoire à avoir trois albums n° 1 des ventes en un an, en comptant *Folklore* et *Evermore*, sortis moins d'un an avant. *Fearless (Taylor's Version)* atteint même les 980 000 exemplaires vendus fin 2021. En France, il devient disque d'or. De leur côté, les plateformes de streaming et les radios décident d'emblée de mettre en avant les Taylor's Version (ou TV) plutôt que les chansons initiales, dans leurs playlists, recommandations ou sur les ondes.

Quelques mois plus tard, le 12 novembre 2021, c'est cette fois *Red (Taylor's Version)* qui débarque. Dans son prologue, Taylor Swift le compare à une personne au cœur brisé : « Comme cette amie qui vous appelle au milieu de la nuit pour vous parler encore et encore de son ex, je n'arrivais juste pas à m'arrêter d'écrire. »

Red (Taylor's Version) rencontre un énorme succès public, se vendant à plus d'un million d'exemplaires en quelques semaines. La chanteuse a mis les bouchées doubles avec 30 chansons, dont huit inédites. L'album se clôt avec une surprise de taille : une version de dix minutes de « All Too Well ». Ce morceau de *Red* (2012) était devenu l'un des favoris des fans, pour sa narration passionnée, son histoire dramatique : une jeune fille regrettant une relation avec un homme plus âgé, qui l'a négligée. On savait que la chanteuse avait initialement écrit une version de dix minutes, avec l'aide de la fameuse Liz Rose, mais que son label la trouvait trop longue. Près de dix ans plus tard, Swift offre de nouveaux couplets saillants, qui assombrissent le tableau. Ils font état d'une relation toxique auprès d'un homme plus âgé, qui se prétendait féministe. « Et tu me jetais au nez les clés de la voiture, le porte-clé "À mort le patriarcat" tombé par terre, on fuyait sans cesse la ville/Et pendant le trajet, je me disais "À n'importe quel instant, il va dire que c'est de l'amour", mais tu n'as jamais dit ce qu'il en était ». Dans l'un des nouveaux couplets, la sentence tombe : « Je n'ai jamais été très douée pour dire des blagues, mais voici une punchline/"Je vieillirai, mais tes amantes continueront à avoir le même âge que moi" ». En devenant plus longue, « All Too Well » n'a fait que gagner en intensité, et conquiert le cœur des fans. À ce jour, le morceau affiche 800 millions d'écoutes en ligne. Du jamais-vu pour une chanson country pop de cette durée.

Puisque son public est frustré que « All Too Well » n'ait pas été un single à son époque, Taylor Swift lui offre un clip pour cette version longue. C'est même un court-métrage, avec les acteurs Sadie Sink (Stranger Things) et Dylan O'Brien (Teen Wolf). Bien sûr, la chanteuse est à nouveau derrière la caméra, pour un résultat à l'esthétique léchée. Sadie Sink incarne une jeune fille vivant une histoire d'amour passionnée avec un acteur plus âgé, durant l'automne. Il est charmant devant ses parents, mais l'ignore en présence de ses amis. Il lui pose même un lapin le soir de son 21e anniversaire, moment du passage à l'âge adulte aux États-Unis. Ils se séparent, la laissant dévastée. Finalement, des années plus tard, elle

raconte leur histoire dans un roman, reprenant le contrôle. Salué par la critique, le clip remporte de nombreux prix, dont celui de la Meilleure vidéo musicale aux Grammy.

Taylor Swift offre un autre clip d'une chanson inédite, pour « I Bet You Think About Me », duo avec Chris Stapleton, autre grand nom de la country. Un morceau country-pop au vitriol, où une jeune fille s'adresse à un ex-petit ami pédant. Elle est persuadée qu'il pense encore à elle, alors même qu'il s'apprête à se marier. « Je parie que tu penses à moi quand tu sors/À tes concerts trop cool de musique indé toutes les semaines/ Je parie que tu penses à moi dans ta maison/Avec tes chaussures bio et ton canapé à un million de dollars ». Swift confie cette fois la réalisation du clip à son amie, l'actrice et productrice Blake Lively (Gossip Girl), qui lui fait jouer une fauteuse de troubles au mariage de son ex.

Il faut ensuite attendre l'été 2023 pour qu'un nouveau réenregistrement sorte. *Speak Now (Taylor's Version)* est disponible le 7 juillet 2023. Dans le prologue, Taylor Swift se souvient avec émotion de cette période, entre ses dix-huit et vingt ans, comme les années les « plus turbulentes » de sa vie. Elle révèle que les critiques envers sa voix, et les doutes quant à ses capacités d'écriture, l'ont effrayée, mais l'ont aussi poussée à se dépasser : « Pour essayer de faire face à ces démons, j'ai suivi un entraînement vocal poussé, et j'ai pris la décision qui a défini cet album : l'écrire entièrement seule. J'ai pensé qu'ils ne pourraient pas en attribuer le crédit à mes coauteurs s'il n'y en avait pas. » C'est à cette époque qu'elle développe un entêtement féroce face aux critiques, qui deviendra sa force.

500 000 exemplaires de *Speak Now (Taylor's Version)* se vendent en une semaine. Le disque fait notamment parler de lui pour les changements apportés aux paroles de « Better Than Revenge ». Souvenez-vous, une chanson dans laquelle Taylor Swift s'en prend vertement à la fille pour laquelle son ex l'a quittée. Mal à l'aise avec le sexisme du refrain (« Elle n'est pas une sainte et elle n'est pas ce que tu crois/C'est une actrice/Elle est surtout connue pour les choses qu'elle fait sur le matelas »), elle le change pour « Elle n'est pas une sainte et elle n'est pas ce que tu crois/C'est une actrice/Il était un papillon de nuit attiré par les flammes/Elle tenait les allumettes ». Cette réécriture divise les fans. Certains s'en réjouissent, et y voient le signe que Taylor Swift ne croit plus en la rivalité amoureuse entre femmes. D'autres dénoncent une modification opportuniste, et accusent Taylor Swift de ne pas assumer son héritage.

En guise de clip, Taylor Swift jette son dévolu sur l'inédit « I Can See You », titre pop-rock où elle flirte avec un crush. À la réalisation, elle met en scène son travail de réenregistrement de ses six premiers disques, qu'elle compare à une libération. Vêtue d'une robe à franges dorées qui rappelle le Speak Now Tour, elle est prisonnière d'un énorme coffre-fort, niché dans un musée exposant les tenues et instruments emblématiques de sa carrière. Trois personnes volent à son secours : les acteurs Taylor Lautner (Twilight), son petit ami de l'époque, Joey King (The Kissing Booth) et Presley Cash, ces deux dernières figurant dans le clip de « Mean », single de l'album originel sorti en 2010.

Réenregistrement le plus attendu, *1989 (Taylor's Version)* sort le 27 octobre 2023. Dans un long prologue, Taylor Swift raconte son état d'esprit quand elle a écrit *1989*, son envie de renouveau et son agacement contre les accusations de « slut-shaming ». Elle remercie ses fans de l'avoir autorisée à changer : « Quand j'ai eu vingt-quatre ans, j'ai décidé de me réinventer complètement. [...] Musicalement, géographiquement, esthétiquement, vis-à-vis de [mon] comportement, [ma] motivation... et je l'ai fait avec énormément de joie. [...] Les risques que j'avais pris en jouant avec des sons pop sur *Red* ? J'avais envie de les pousser plus loin. La sensation de liberté que j'avais ressentie en voyageant dans de grandes villes bourdonnantes ? J'avais envie de vivre dans l'une d'elles. Les voix qui avaient commencé à vouloir me faire avoir honte parce que je fréquentais des hommes comme une jeune fille normale ? Je voulais les réduire au silence. [...] Il fallait que je mette un terme à tout cela, parce que je commençais vraiment à en souffrir. [...] Cette époque de ma vie a été marquée par une bonne naïveté, une faim d'aventure, et une sensation de liberté à laquelle je n'avais jamais goûté. »

Le public est au rendez-vous : plus de 1,3 million d'exemplaires physiques de *1989 (Taylor's Version)* sont écoulés en une semaine, plus que pour le disque originel. C'est la plus grosse semaine de vente de la carrière de Swift. En France aussi, les chiffres sont excellents. *1989 (Taylor's Version)* est son deuxième album à être numéro 1 des ventes (après *Midnights*, sorti fin 2022) et réalise même le meilleur démarrage de sa carrière dans nos contrées. La version initiale de *1989* n'était pas allée plus haut que la 9e place du top album français, mais elle demeure son album le plus vendu en France, avec plus de 100 000 disques écoulés. Malgré ce plébiscite mondial, Taylor Swift ne propose cette fois aucun nouveau clip pour fêter ce réenregistrement. Même une reine doit parfois se reposer. Cependant, elle offre plusieurs déclinaisons de l'album avec différentes photos en guise de pochette, et des vinyles de différentes couleurs. Les cinq chansons inédites de *1989 (Taylor's Version)* obsèdent les fans, pour leurs paroles très « punchy » et leur mélodie pop accrocheuse. « Slut! » attire particulièrement l'attention, pour son titre osé : « Salope ! ». Swift y confie son envie de s'habiller de manière sexy pour plaire à son petit ami d'alors, puisqu'elle sera de toute façon insultée quoi qu'elle fasse.

LA PLUS GRANDE **POPSTAR** DU SIÈCLE

Vous ne pensiez quand même pas que Taylor Swift allait se contenter de réenregistrer ses six premiers albums et mettre en pause l'écriture de morceaux originaux ? Certainement pas. Le 21 octobre 2022 sort ainsi *Midnights*, son dixième album, inspiré de 13 nuits d'insomnie à travers sa vie, et les interrogations qui la maintenaient éveillée. Jack Antonoff a produit avec elle la plupart des chansons. Après un intermède folk réussi avec *Folklore* et *Evermore*, la chanteuse retourne à la pop. *Midnights* est un disque nocturne, qui fusionne la pop avec des sonorités R&B et électroniques, oscille entre morceaux dansants et rêveurs. C'est l'album le plus vulnérable de Swift. À plus de trente ans, elle dévoile comme jamais son côté sombre.

Dès le premier single, « Anti-Hero », elle se décrit comme une « anti-héroïne », et sa propre ennemie : « J'ai cette tendance où je vieillis, mais je n'en deviens pas plus sage pour autant/Minuit devient mon après-midi/Quand ma dépression travaille dur la nuit, tous les gens que j'ai "ghostés" apparaissent dans la pièce ».Le clip, qu'elle réalise, est encore plus parlant. Elle y montre deux facettes d'elle-même : une fêtarde chaotique, et une timide mal dans sa peau. Elle imagine aussi ses funérailles, où ses enfants se disputent, énervés de ne percevoir aucun héritage. « Je ne pense pas avoir jamais exploré mes insécurités aussi loin et avec autant de détails », dit-elle sur Instagram. « [...] Cette chanson est une vraie visite guidée à travers toutes les choses que je déteste chez moi. [...] Je l'aime beaucoup parce que je la trouve très honnête. » Encore une fois, sa prise de risque paie : à ce jour, « Anti-Hero » a dépassé le milliard d'écoutes rien que sur Spotify.

À travers les autres singles « Bejeweled », « Lavender Haze » et « Karma », dont elle réalise aussi les clips, Taylor Swift se montre au contraire comme une femme sûre d'elle-même, qui sait ce qu'elle vaut, et ce qu'elle veut. Dans la joueuse « Karma », la popstar célèbre sa longévité malgré les épreuves, faisant notamment allusion à sa bataille pour récupérer les droits master de ses six premiers disques. Semblant s'adresser à Scooter Braun, elle dit : « Karma suit ton odeur comme un chasseur de prime/Karma va partir sur tes traces/Étape par étape, ville après ville/Douce comme la justice, Karma est une reine/Qui amène tous mes amis au sommet/Karma est le mec sur l'écran, qui me retrouve à la maison ».

Après des années de batailles et de discrétion, Swift clame son envie de s'amuser à nouveau dans « Bejeweled » : « Sois bien certain que je peux toujours briller/Quand je rentre dans une pièce/Je suis toujours capable de faire scintiller l'espace autour de moi ». Dans le clip, bourré de références à ses précédents albums et à son entourage, elle s'imagine en Cendrillon malmenée par ses méchantes belle-mère et demi-sœurs, jouées par Laura Dern (Big Little Lies) et le groupe de rock indé Haim. Celles-ci symbolisent les critiques qui l'ont obligée à s'exiler. Son exil étant terminé, Cendrillon peut enfin s'échapper, retrouvant sa liberté et sa joie de vivre, tout en strass et paillettes. À la fin du clip, elle refuse la demande en mariage du prince, préférant les clés d'un château. Elle enfonce le clou dans « Lavender Haze », où elle clame sa soif de liberté, loin des injonctions : « Je suis condamnée si j'accorde de l'attention à ce que les gens disent/Les conneries des années 1950 qu'ils attendent de moi/Pas moyen/Moi, je veux juste rester dans cette bulle d'amour/Tout ce qu'ils me demandent encore et encore/C'est si je vais être ta femme/Pour eux, une fille est forcément un coup d'un soir ou une épouse ». Alors qu'on l'a toujours caricaturée en croqueuse d'hommes incapable de vivre par elle-même, Swift affirme encore une fois son indépendance, compatible avec son romantisme.

Midnights
Lavender Haze
Maroon
Anti-Hero
Snow On The Beach
You're On Your Own, Kid
Midnight Rain
Question...?
Vigilante Shit
Bejeweled
Labyrinth
Karma
Sweet Nothing
Mastermind

THE TORTURED POETS DEPARTMENT

TAYLOR SWIFT
THE ERAS TOUR

Midnights fait l'objet d'un réel plébiscite : 10 de ses morceaux se retrouvent à occuper le top 10 Billboard. Aucun artiste n'y était parvenu jusqu'alors. Pour la cinquième fois, un album de Swift se vend à un million d'exemplaires en moins d'une semaine, et plus de 500 000 formats vinyle se retrouvent sur les étagères (ou les murs) de fans. Cocorico : c'est son premier disque à atteindre la première place des ventes en France, avec 19 400 ventes dès sa première semaine de sortie. *Midnights* obtient même le Grammy du Meilleur album pop et Meilleur album de l'année début 2024. C'est la quatrième fois que Swift l'emporte dans la seconde catégorie, un record pour une artiste féminine. Puisqu'elle ne semble pas intéressée à l'idée de prendre de longues vacances, Swift profite de l'occasion pour annoncer la sortie de son prochain album, *The Tortured Poets Department*, le 19 avril 2024. Écrit-elle des chansons dans son sommeil ? Le doute est permis.

Les records continueront à tomber comme des quilles, mais cette fois, sur scène. Quelques jours après la sortie de *Midnights*, Taylor Swift dévoile que sa prochaine tournée : The Eras Tour, va démarrer au printemps 2023. L'annonce provoque l'hystérie des fans, puisque la popstar n'a pas assuré de tournée depuis le Reputation Stadium Tour de 2018, à cause de la pandémie de Covid-19. La billetterie en ligne Ticketmaster est chargée d'organiser la vente des billets, avec son système de queue virtuelle aléatoire, et une fluctuation des prix en fonction de la demande. Le jour-J, 3,5 millions de personnes s'y connectent, et les prix s'envolent à des sommes faramineuses. De nombreux problèmes, crashs et tentatives de piratage empêchent des millions de fans d'avoir accès aux places, qui s'écoulent comme du sable entre les doigts. Tous les médias en parlent. Face au scandale, les sénateurs états-uniens demandent des explications aux gérants de Ticketmaster, ce qui fait beaucoup parler. Par communiqué, Swift présente ses excuses aux fans lésés. Des lois sont votées pour mieux réguler ce marché.

Tout le monde (ou presque) veut assister au Eras Tour. Avec cette sixième tournée, Taylor Swift ne souhaite pas simplement promouvoir *Midnights*, mais célébrer toute sa carrière, chaque album correspondant à une « ère » précise. Cela donne des concerts dantesques de trois heures et demie, avec une setlist d'une quarantaine de chansons, de nombreux changements de tenues et de décors. Se produisant d'abord aux

États-Unis et en Amérique du Sud du printemps à l'automne 2023, Swift crée l'événement à chaque ville visitée. Les élus locaux se réjouissent que le passage de la tournée fasse grimper l'économie du tourisme et de la restauration, chaque Swiftie dépensant en moyenne 1 300 dollars. Ainsi, rien qu'avec les dates aux États-Unis, The Eras Tour devient la tournée la plus rentable de l'Histoire en dépassant le milliard de dollars de bénéfices, et Taylor Swift devient elle-même milliardaire fin 2023. Le chiffre ne fera que gonfler puisqu'en tout, 152 concerts à travers cinq continents sont annoncés, avec une date finale le 8 décembre 2024 à Vancouver, au Canada. La France fait partie des pays visités, preuve que Swift y est enfin populaire. Elle n'y a pas donné de concert public depuis son Zénith à Paris en 2012, qui n'avait pas amassé les foules. Cela sera bien différent pour The Eras Tour : du 9 au 12 mai 2024, 40 000 personnes sont attendues chaque soir à Paris La Défense Arena, plus grande salle d'Europe, et 59 000 personnes chaque soir les 2 et 3 juin au Groupama Stadium de Lyon. Du beau monde pour danser sur « Shake It Off », pleurer sur « Tolerate it », et s'échanger des bracelets d'amitié. Diffusé au cinéma en film-concert à l'automne 2023, Taylor Swift: The Eras Tour devient aussi le film musical le plus rentable de l'Histoire, avec plus de 120 millions de dollars de bénéfices au box-office. Depuis, il a été rendu disponible sur la plate-forme de streaming Disney +.

À l'heure de terminer l'écriture de cet ouvrage, Taylor Swift n'a pas encore béni la Paris Défense Arena, ni le Groupama Stadium, de sa présence, et *The Tortured Poets Department* n'est pas encore sorti. Nul doute que ces prochaines étapes cruciales dans la carrière de la chanteuse vont offrir des souvenirs inoubliables à des millions de fans, toujours plus nombreux.

UNE CHANTEUSE TRÈS PROCHE DE SES FANS

En plus de son talent indéniable, l'une des raisons pour lesquelles Taylor Swift est si populaire est la forte proximité avec ses fans qu'elle a su créer et entretenir. Que ce soit en leur laissant des messages cachés dans ses pochettes d'albums, en interagissant avec eux en ligne, en les rencontrant en personne, ou en les aidant dans des moments difficiles, la chanteuse est la popstar la plus accessible de sa génération.

Elle veut
RENDRE SON PUBLIC HEUREUX

On l'a vu, c'est avec le premier album de LeAnn Rymes, *Blue* (1996), que la petite Taylor tombe amoureuse de la country. C'est le premier concert auquel elle assiste. Elle se retrouve au premier rang, et arrive à interagir avec la jeune chanteuse, qui n'a alors que quatorze ans. Elle confirme qu'elle a bien reçu ses lettres. « C'est le moment où j'ai compris que si je pouvais un jour faire ressentir cela à un enfant ou une personne, alors ça en vaudrait la peine », explique Swift en 2006, dans l'une de ses premières interviews nationales. Dès les tout débuts de sa carrière, la star en herbe a en tête de faire plaisir à son public.

Elle a
GRANDI AVEC SES FANS

Lorsque Taylor Swift sort son premier album, éponyme, en 2006, elle n'a que seize ans. Elle s'attire très vite un public de son âge, ou plus jeune, qui se reconnaît dans ses chansons racontant ses expériences d'adolescente. Près de vingt ans plus tard, ces fans de la première heure l'ont suivie à travers ses transformations. Grandir avec elle n'a fait que renforcer leur sentiment de proximité avec leur chanteuse favorite.

Lorsqu'elle réenregistre *Fearless* en 2021, l'album qui l'a fait connaître du grand public aux États-Unis, Taylor Swift leur écrit : « Quand je pense à Fearless et tout ce que vous en avez fait, un sourire irrépressible me vient. C'est l'ère musicale durant laquelle tant de blagues privées ont été créées entre nous, tant de câlins ont été faits, tant de mains se sont touchées, et tant de liens indestructibles se sont formés. Avant de dire quoi que ce soit d'autre, laissez-moi vous dire que cela a été un véritable honneur d'être ado à vos côtés. »

Elle les respecte
ET LEUR EST RECONNAISSANTE

« J'adore tous mes amis de MySpace pour avoir un rôle si actif dans ce que je fais », déclare-t-elle dans le livret de son premier album, en 2006. « Je n'oublierai jamais le fait que vous vous êtes ralliés à mes côtés dès le début. [...] Si vous me croisez un jour, je veux vous rencontrer. Je vous remercierai moi-même. Vous m'avez laissé rentrer dans votre vie, et je ne vous remercierai jamais assez de m'y avoir autorisée. » Alors que les années passent, la reconnaissance de Taylor Swift envers ses fans ne faiblit pas. « Mes fans me comprennent, et je pense que la réciproque est vraie. Il faut respecter ce lien, il y a une réelle confiance là-dedans. Ils ont rendu ma vie magnifique, et je réfléchis constamment à des moyens de leur rendre la pareille », dit Taylor Swift à *Good Morning America* en 2011.

Elle communique beaucoup AVEC SES FANS EN LIGNE

Dès qu'elle commence à enregistrer ses premières chansons à l'adolescence, Taylor Swift comprend qu'Internet est un moyen très efficace de toucher des gens de son âge. Elle jette d'abord son dévolu sur MySpace, très populaire durant les années 2000. L'adolescente s'en sert à la fois de journal de bord, outil de promotion de sa musique, et plateforme d'échanges avec son public naissant. Son tempérament joyeux transparaît à travers les commentaires adressés à ses fans. De nombreuses traces en demeurent aujourd'hui. Par la suite, Taylor Swift entretient ce lien à travers Twitter et Tumblr. Sur cette plateforme de micro-blogging, elle repartage des posts de fans, dont certains humoristiques, montrant son sens de l'autodérision. Elle choisit aussi Tumblr comme canal de communication, lorsqu'elle écrit des communiqués importants.

Elle montre ainsi son envie de continuer à s'adresser directement à ses fans sur les sujets qui lui tiennent à coeur. Durant les années 2010, elle se sert d'Instagram comme une porte sur son quotidien, les coulisses de ses voyages ou tournées. En postant des photos de ses chats, virées avec ses amis, costumes d'Halloween ou tenues au saut du lit, Taylor Swift se montre « normale » pour une popstar mondialement connue.

Depuis quelques années, la chanteuse se sert surtout de TikTok comme moyen de communication avec son public. Un commentaire ou un « like » de sa part sont le nouveau Graal à atteindre. Pendant le *Eras Tour*, elle reprend même une chorégraphie d'un TikTokeur devenue virale, pour la chanson « Bejeweled ».

Elle a créé un univers
DE RÉFÉRENCES ET D'ÉNIGMES

Taylor Swift est connue pour cacher des « Easter eggs », des références confidentielles, dans ses chansons, clips, tenues, et parfois même publications en ligne. Ses fans peuvent passer beaucoup de temps à essayer de les deviner, et les décrypter. Ces « Easter eggs » peuvent faire référence à sa musique passée ou au contraire, donner un indice sur la suite de sa discographie. Elle a mis en place ce système à partir de son deuxième disque, *Fearless* (2008) : les paroles de chansons retranscrites dans le livret du disque contiennent des lettres majuscules qui, une fois assemblées, forment des messages. Par exemple, pour la chanson « Fifteen », le message caché dit : « J'ai pleuré en l'enregistrant ». Elle maintient cette tradition jusqu'au disque *1989* (2014).

Parfois, Swift et son équipe inventent des énigmes. Pour *1989 (Taylor's Version)* (2023), elle s'associe à Google pour inventer 89 puzzles permettant de deviner les titres des chansons inédites de l'album. Sur les réseaux sociaux ou forums, les fans s'associent pour trouver les réponses, et résolvent 33 millions de puzzles en quelques heures.

« Je les ai entraînés à être comme ça », plaisante la chanteuse en 2019 auprès de *Entertainment Weekly*. « J'adore le fait qu'ils aiment ces indices qu'il faut déchiffrer. Parce que tant qu'ils aimeront ça, je continuerai à le faire. C'est drôle, malicieux et taquin. »

Elle invite des fans à des SESSIONS D'ÉCOUTE PRIVÉES

Pour les disques *1989* (2014), *Reputation* (2017) et *Lover* (2019), Taylor Swift a décidé d'organiser des sessions d'écoute privée en avant-première avec des fans du monde entier, triés sur le volet. On appelle cela les « Secret Sessions ». Elle choisit elle-même les fans, en fonction de leur soutien montré sur les réseaux sociaux, ou par mail. Taylor Nation est ensuite chargé de les contacter et organiser leurs déplacements. Les heureux élus n'ont qu'une consigne : ne rien révéler du disque avant sa sortie.

Pour 1989, la popstar organise plusieurs « Secret Sessions », dans ses propres résidences à New York, Los Angeles et Rhode Island, dans la maison de sa mère à Nashville, et un hôtel londonien.

Chaque fête rassemble une centaine de fans. Non contente de leur faire découvrir l'album avant le reste du monde, elle leur prépare des cookies, discute avec eux pendant des heures, leur fait visiter sa maison, leur présente ses chats, ses amis, pose pour d'innombrables photos, leur offre du merchandising. Ce sont de vrais moments de fête et d'échanges. La « Secret Session » de *Lover* à Nashville, en 2019, s'est ainsi terminée à 5 heures du matin.
La pandémie de Covid-19 a empêché le retour des « Secret Sessions », de même que l'envie de plus d'intimité pour Swift. À ce jour, personne ne sait si l'artiste compte en refaire.

Elle « STALKE » SES FANS

De son propre aveu, Taylor Swift « stalke » ses fans sur les réseaux sociaux. À la fois pour savoir ce qu'ils pensent, et parfois, pour se tenir au courant de leur vie, jobs, passions. Les fans appellent cela le « Tay-lurking », ou « l'espionnage de Taylor ». Ces séances de « stalking » en ligne lui permettent de repérer des fans très actifs, à qui elle offre des cadeaux, ou la possibilité de la rencontrer.

Elle a créé un fan-club officiel très actif, « TAYLOR NATION »

Chaque star a son fan-club officiel. Celui de Taylor Swift s'intitule « Taylor Nation ». Créé il y a longtemps, ce n'est pas un fan-club officiel comme les autres. Par exemple, il ne demande pas d'inscription payante pour avoir accès à du contenu exclusif ou une chance de rencontrer la popstar.
En quelque sorte, Taylor Nation est la branche marketing de 13 Management, la société de Taylor Swift. Taylor Nation fait du marketing sur les réseaux sociaux, en promouvant ses albums, tournées ou produits dérivés, mais il entretient aussi une forme de proximité avec ses fans. Comment ? En postant des vidéos « coulisses », mais aussi et surtout, en surveillant les fans en ligne pour leur offrir des cadeaux, places de concert, ou une rencontre avec Swift dans un cadre privilégié. Là encore, c'est gratuit. Ainsi, lorsque des « meet-ups » sont organisés à l'issue de concerts, Taylor Nation se charge de sélectionner les chanceux fans en amont. (Mais ils sont aussi parfois sélectionnés sur place par la mère de Swift, Andrea.)

Elle prend en compte LEURS ENVIES

Si la musique de Taylor Swift est basée sur ses expériences et son envie de réinvention fréquente, la chanteuse prend aussi en compte les envies de ses fans. Déjà en 2013, elle disait à la radio Capital : « Quand je passe une mauvaise journée, je vais sur Twitter et je regarde ce qu'ils disent, les choses qui sont importantes pour eux. C'est à ça que je pense quand je fais un nouvel album. C'est aussi important de penser à ce qu'ils veulent. »
En 2021, Swift réalise l'un des vœux les plus chers de ses fans : révéler la version originale de « All Too Well », qui dure dix minutes. Elle réalise même un court-métrage autour de ce long morceau. « Ils me feront toujours savoir quelles chansons auraient dû être des singles », s'amuse Swift auprès de Seth Meyers. « Ils me font savoir quelle chanson aurait dû avoir un clip. Je les écoute, et je tourne ces clips. » Taylor Swift pense bien connaître ses fans : « J'accorde une grande importance à leurs avis, théories, moqueries et blagues », dit-elle à Jimmy Fallon. « Cela part toujours d'une bonne intention, et c'est pour ça que j'adore notre relation. Je pense savoir ce qu'ils veulent, et que cette [nouvelle] version va devenir leur version standard [de « All Too Well »]. » C'est exactement ce qui s'est passé.

Elle leur OFFRE DES CADEAUX

À partir de 2014, Taylor Swift décide de jouer à la mère Noël. Triant à nouveau certains fans elle-même, elle commente un emoji « père Noël » sur leurs réseaux sociaux, pour leur signifier qu'ils ont été sélectionnés. Elle choisit des cadeaux personnalisés, qu'elle emballe et poste elle-même, accompagnés d'une carte aussi personnalisée et écrite à la main. Ce « Swiftmas » est organisé plusieurs années de suite.
Lors de la pandémie de Covid-19, en 2020, Swift décide cette fois de remercier des soignants en leur envoyant de gros paquets cadeaux, contenant des produits dérivés et une lettre écrite à la main.

Elle rencontre des fans PAR SURPRISE

Taylor Swift s'est déjà rendue par surprise à des mariages, fêtes de fiançailles, anniversaires ou enterrements de vie de jeune fille ou garçon de fans, pour chanter quelques chansons en solo, à la guitare. Depuis les débuts de sa carrière, elle rend aussi visite à des fans gravement malades.

Elle AIDE SES FANS EN DIFFICULTÉ

La générosité de Taylor Swift est bien connue de ses fans. Non contente de leur offrir des cadeaux, elle leur offre souvent son aide financière, face à des frais de scolarité, de soins ou équipements médicaux. En 2020, Swift verse plusieurs milliers de dollars à des fans dont les finances sont affectées par les confinements.

UNE ARTISTE ENGAGÉE ET FÉMINISTE

L'histoire de la chanson « Ronan ».

En 2011, la jeune chanteuse est touchée par l'histoire de Ronan, petit garçon âgé de trois ans atteint d'un cancer. Elle en a pris connaissance par le blog de la mère du petit garçon, Maya Thompson, où elle raconte ce combat contre la maladie, puis la mort de son fils. Swift s'en inspire pour écrire la chanson « Ronan », qu'elle sort avec l'autorisation de la maman, déclarée coautrice des paroles. La chanson permet de récolter des fonds pour des associations de lutte contre le cancer. Dix ans plus tard, Maya Thompson autorise Swift à inclure « Ronan » au disque *Red (Taylor's Version)*.

LIVE NATION
YouTube Music

Grande donatrice

Taylor Swift fait régulièrement des dons à des particuliers, associations ou organismes venant en aide aux populations, ou aux animaux. En 2020, elle participe à hauteur de 13 000 dollars aux cagnottes en ligne de deux mères de famille qui n'arrivent plus à payer leurs dépenses quotidiennes à cause de la crise du Covid-19. Elle fait aussi don de 1 300 dollars à deux fans réunissant des fonds pour acheter des produits d'hygiène et de beauté aux personnes racisées de Minneapolis. Toujours en 2020, elle fait un don à une banque alimentaire de l'Ohio, venant en aide aux plus démunis. L'année suivante, elle donne 50 000 dollars à une mère de cinq enfants, dont le mari est mort des suites du coronavirus.

Swift offre des dons conséquents lors de certaines catastrophes météorologiques. Elle a ainsi donné 1 million de dollars lors des inondations ayant ravagé la Louisiane en 2016. En 2020 et 2023, elle donne chaque fois 1 million de dollars pour aider les victimes de tornades dans le Tennessee.

Lors du Eras Tour, la chanteuse profite de son passage dans certaines villes comme Glendale ou Las Vegas, pour faire des dons importants à des banques alimentaires locales.

En 2019, l'association GLAAD, qui milite pour la place des personnes LGBTQ+ dans les médias et la vie publique, la remercie d'avoir fait « un don très généreux ».

Féministe et engagée

Taylor Swift se dit féministe pour la première fois en 2014, dans une interview au Guardian : « Quand j'étais adolescente, je ne comprenais pas qu'être féministe voulait juste dire espérer que femmes et hommes soient égaux en droits et en opportunités [...]. Je croyais que ça voulait dire qu'on détestait les hommes. »

À cette époque, on assiste à l'arrivée du « féminisme pop », avec de plus en plus de célébrités se disant féministes dans la lignée de Beyoncé, et l'arrivée d'idées féministes dans la pop culture. Swift cite l'interprète de « Single Ladies » comme exemple féministe, ainsi que Lena Dunham, créatrice de la série GIRLS, et l'actrice Emma Watson (Harry Potter), engagée pour l'égalité femmes-hommes auprès des Nations unies.

Taylor Swift exprime son féminisme de manière concrète. En 2016, elle donne ainsi 250 000 dollars à la chanteuse Kesha, pour l'aider dans son combat judiciaire face à Dr. Luke, son producteur qu'elle accuse de viol et harcèlement moral.

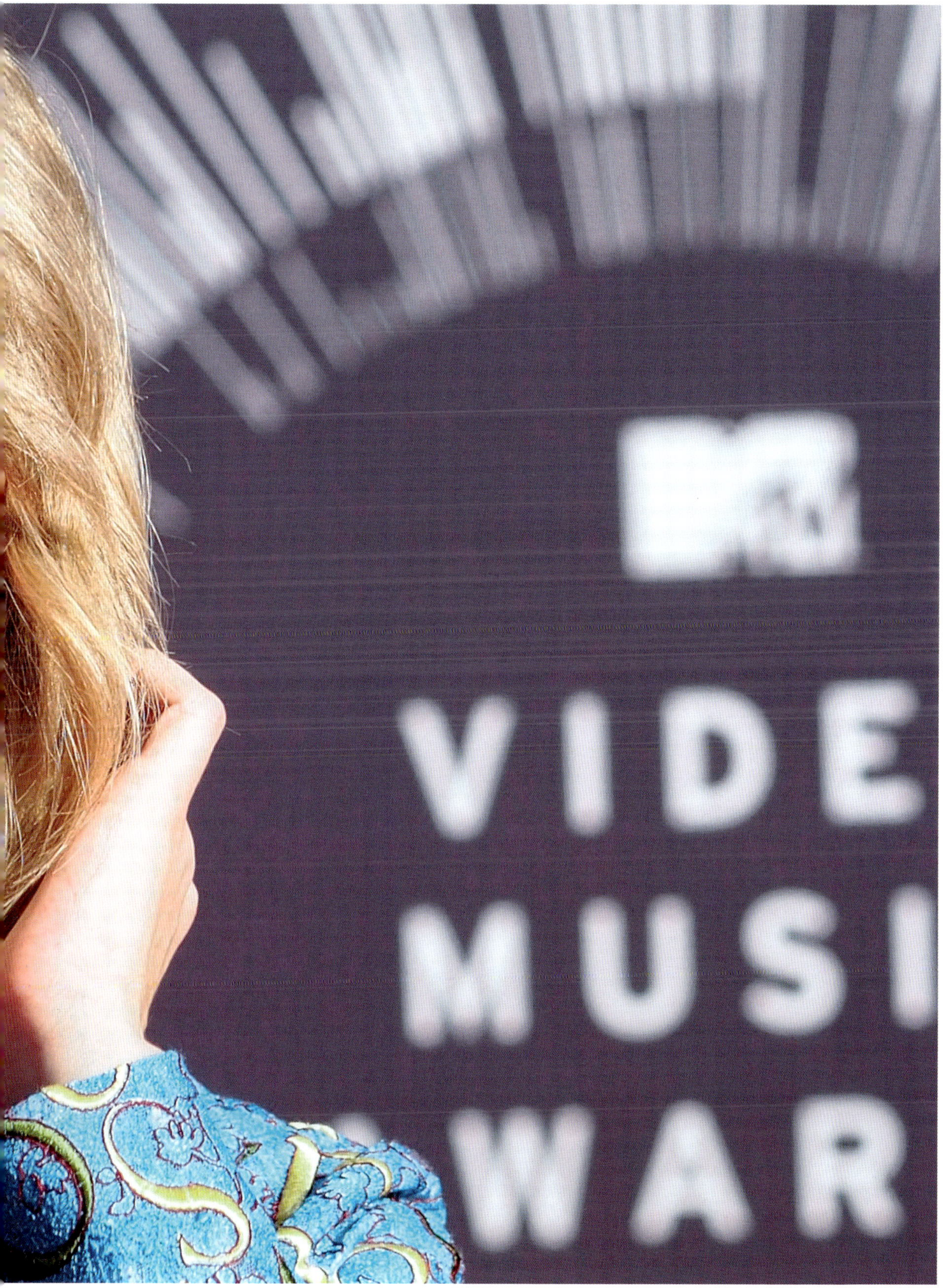
VIDE
MUSI
WAR

En 2017, elle aide cette fois la Joyful Heart Association, soutenant les victimes d'agressions sexuelles, puis RAINN, venant en aide aux victimes de viols, abus et inceste, en 2018.

Dans sa vie professionnelle et dans l'actualité sociopolitique, plusieurs événements poussent Taylor Swift vers un engagement féministe de plus en plus prononcé : l'agression sexuelle qu'elle subit de la part d'un animateur radio en 2013 et le procès violent qui en découle en 2017 ; la réalisation du sexisme prégnant de l'industrie musicale ; le mouvement #MeToo ; l'affaire « Famous » avec Kanye West, ou encore l'élection du misogyne Donald Trump à la Maison-Blanche.

Lorsque sa vie amoureuse commence à être aussi épiée que critiquée, Taylor Swift perçoit vite un double discours sexiste : « Quand quelqu'un dit "Oh, elle ne fait qu'écrire des chansons sur ses ex-petits amis", franchement, c'est un point de vue très sexiste », clame-t-elle en 2014 dans une interview à la radio australienne 2DayFMSydney. « Personne ne dit ça à propos d'Ed Sheeran ou Bruno Mars. Ils écrivent des chansons sur leur vie amoureuse, et personne ne trouve rien à y redire ! »

En 2013, un animateur de radio australien agresse sexuellement la chanteuse. Il en perd son poste, et porte plainte pour diffamation. Swift contre-attaque en portant plainte pour agression sexuelle. À l'été 2017, le procès secoue la popstar. Violemment questionnée par l'avocat de son opposant, elle fait preuve d'une fermeté qu'on lui connaît peu : « Il a attrapé mon cul à pleine main. Je sais que c'était lui. Ce qu'il a fait est ignoble. [...] On essaie de me rendre responsable de la tournure qu'a prise sa vie, mais c'est le résultat de ses choix. Pas des miens », déclare-t-elle devant le tribunal, selon Buzzfeed et le New York Times. Swift remporte le procès, pour un dollar symbolique de dédommagement.

Elle le décrit comme un processus « déshumanisant », mais profite de sa victoire pour appeler à croire les femmes. Time Magazine la célèbre en couverture avec d'autres femmes, montrée par la publication comme des lanceuses d'alertes ayant permis l'émergence de #MeToo. Swift rejoint d'ailleurs Time's Up, mouvement qui vise à financer et aiguiller les victimes de harcèlement sexuel dans leurs démarches judiciaires.

« Avec ce procès, quelque chose a complètement et irrémédiablement changé en moi », dit-elle dans le documentaire Miss Americana (Netflix). La cause des femmes lui est devenue très chère, dans la musique et en dehors. Désignée « Femme de la décennie » par Billboard en 2019, Swift dénonce le sexisme de l'industrie musicale devant un parterre de professionnels : « Les gens adorent expliquer le succès d'une femme dans la musique par autre chose qu'elle-même. [...] Ces dix dernières années, j'ai vu comment les femmes de cette industrie sont critiquées et mesurées les unes contre les autres, critiquées pour leur corps, leur vie amoureuse, leur vie privée, leur style vestimentaire. »

Alors qu'elle-même a entretenu l'idée de rivalité féminine à ses débuts, Taylor Swift a abandonné cette vision du monde pour une promotion forte de la sororité. En 2022, lorsque la Cour suprême des États-Unis renverse l'arrêt « Roe vs Wade », qui garantissait l'accès à l'IVG sur tout le territoire fédéral, Swift se dit « horrifiée ».

Solidaire et politique

Miss Americana témoigne de la politisation de Taylor Swift. On la voit ainsi tenir tête à son équipe, dont son père, parce qu'elle veut sortir de son silence politique. Elle souhaite soutenir le candidat démocrate du Tennessee pour les élections de mi-mandat de 2018, qui risquent de donner encore plus de pouvoir à Donald Trump. « Je dois être du bon côté de l'Histoire », argue la popstar. Malgré l'opposition de son équipe rapprochée, Swift soutient publiquement le candidat démocrate du Tennessee. Elle met ainsi un terme aux spéculations sur son orientation politique.

À la présidentielle de 2020, elle soutient Joe Biden face à Donald Trump. Sur Twitter, elle accuse ce dernier d'avoir « attisé la suprématie blanche », alors que les manifestations #BlackLivesMatter se multiplient face à des crimes racistes. Depuis 2018, Swift encourage les jeunes à s'inscrire sur les listes électorales, provoquant à chaque fois une vague d'inscriptions.

Taylor Swift reflète aussi ses combats dans sa musique. Dans le single « You Need To Calm Down », elle soutient les communautés LGBTQ+ en s'attaquant à leurs détracteurs, qu'elle tente de raisonner. La chanson ne fait cependant pas l'unanimité, certains la trouvant maladroite, voire opportuniste. En tout cas, elle donne un gros coup de projecteur à l'association GLAAD et aux combats LGBTQ+.

Au même moment, Taylor Swift lance une pétition pour pousser le Sénat américain à voter l'interdiction des discriminations contre les LGBTQ+ au niveau fédéral, comme l'a déjà fait la Chambre des représentants. Plus de 800 000 signatures sont rassemblées, suffisamment pour obliger la chambre haute à s'y intéresser. Mais à ce jour, le « Equality Act » n'a toujours pas été voté par les sénateurs.

UNE BUSINESS WOMAN AGUERRIE

Des ventes faramineuses et exceptionnelles.

À ce jour, au printemps 2024, Taylor Swift a vendu plus de 115 millions d'albums dans le monde. Ses derniers disques, *Midnights* (2022) et *1989 (Taylor's Version)* se sont vendus à plus d'un million d'exemplaires dès leur première semaine de sortie. Aucun artiste ne parvient à atteindre ces chiffres faramineux. Pour donner un ordre d'idée, les derniers albums originaux et solo de Beyoncé, autre grande popstar de l'époque, se sont vendus durant leur première semaine à 485 000 (Lemonade, 2016) et 190 000 (Renaissance, 2022) exemplaires.

Dix ans plus tôt, Bloomberg Businessweek affirmait déjà : « *Taylor Swift is the music industry* », « Taylor Swift est l'industrie musicale ».

Le magazine économique ne l'affirmait pas de nulle part : les cinq premiers albums de la popstar se sont vendus à des dizaines de millions d'exemplaires. Des chiffres très rares depuis les années 2000, où les ventes de disques ont chuté de plus en plus vite face à la montée de la musique en ligne et du piratage.

Alors, comment expliquer le succès phénoménal de Taylor Swift en termes de ventes ? Au-delà de son talent artistique, la chanteuse a compris que pour faire acheter des albums, il faut nourrir une grande proximité avec son public, avoir un sens aigu du marketing, des négociations, posséder son travail et savoir surprendre. En plus d'un art, Swift approche la musique comme un véritable business. La chanteuse affirme, dans un édito publié dans le Wall Street Journal en 2014 : « La musique est un art, et l'art est quelque chose d'important et rare. Les choses rares et importantes ont une valeur. Les choses avec de la valeur devraient avoir un prix. Selon moi, la musique ne devrait pas être gratuite. » Taylor Swift estime même que se donner les moyens de réussir, et réclamer son dû, est un enjeu féministe : « Mon espoir pour le futur, pas seulement dans l'industrie de la musique, mais pour chaque jeune fille que je rencontre… est qu'elles comprennent leur valeur, et réclament d'être respectées. »

Un sens du marketing inné

Les albums de Taylor Swift offrent plus que de la musique : ce sont de beaux objets à collectionner. Les pochettes sont soignées, les photos nombreuses, et pour certains disques, le livret cache des messages que les fans adorent déchiffrer. Très vite, la chanteuse comprend qu'il faut même proposer plusieurs versions d'un même album, pour inciter les fans à en acheter une, voire plus. Ces versions offrent des chansons bonus, des pochettes différentes, et parfois des notes vocales où Swift explique l'écriture de telle ou telle chanson. Ces versions « deluxe » ne sont en général disponibles qu'auprès de certaines chaînes de magasins, ou sur le site officiel de Swift, dans des stocks limités. Ce qui donne d'autant plus envie de les acheter à leur sortie.

La popstar pousse ce concept à l'extrême depuis *Folklore* (2020), vendu dans huit pochettes et couleurs de vinyle différentes. Si vous achetez *Midnights* (2022) dans ses quatre versions en vinyle, vous pouvez former une horloge en les accrochant au mur. *1989 TV* (2023) a quant à lui été proposé dans quatre pochettes différentes, et cinq couleurs de disque vinyle.

Un sens de la surprise

« En ce moment, dans la musique, sortir de sa zone de confort est récompensé, et l'évolution musicale n'est pas seulement acceptée, elle est célébrée. Le seul vrai risque est d'avoir peur de prendre le moindre risque » : c'est ce que défend Swift au Wall Street Journal, à seulement vingt-quatre ans.

Comme on a pu le voir tout au long de ce livre, la carrière de la chanteuse est en effet marquée par ses prises de risque et sa capacité à exceller dans différents styles musicaux. D'abord jeune héritière de la country, elle est devenue une popstar versatile, qui a su fidéliser et faire grandir son public tout au long de ses transformations.

Elle a fait plier les plateformes de streaming

Au milieu des années 2010, Taylor Swift commence à avoir une bête noire : les plateformes de streaming. Pour elle, leur modèle économique dévalue le travail des artistes et n'incite pas le public à acheter des albums. Fin 2014, elle décide de retirer toute sa discographie de Spotify, auquel elle reproche de ne pas mettre en place un accès premium à la musique d'artistes majeurs. La chanteuse tient bon pendant près de trois ans. Cela correspond à un gros manque à gagner pour l'entreprise suédoise, privée du phénomène *1989*.

En 2015, Swift s'en prend cette fois à Apple Music, tout nouveau service de streaming de la firme de Steve Jobs. Pour son lancement, Apple Music propose trois mois d'essai gratuits, et décide de ne pas rémunérer les artistes streamés pendant ce temps. Une tactique que Swift qualifie de « choquante » dans un long post publié sur Tumblr. Apple Music présente ses excuses et revient sur sa stratégie. Le service réussit même à convaincre Swift de devenir l'une de ses premières égéries.

Taylor Swift finit par se réconcilier avec le streaming. En juin 2017, son catalogue réapparaît sur Spotify. La chanteuse le présente comme un remerciement à ses fans, car *1989* a dépassé la barre des dix millions d'exemplaires vendus. Pour Daniel Ek, cofondateur de Spotify, la popstar aurait fini par comprendre que ses fans ont envie d'écouter sa musique en streaming. En 2023, Taylor Swift a été l'artiste la plus écoutée de l'année sur Spotify.

Posséder son travail

Comme on a pu le voir, Taylor Swift n'a pas supporté que les master recordings de ses six premiers albums soient vendus par son ancien label, Big Machine Records, à Scooter Braun, manager de stars qu'elle accuse de harcèlement. Ce dernier a ensuite vendu le catalogue à un fonds d'investissement privé, provoquant même des débats politiques. Affirmant qu'on ne lui a pas permis de racheter ses six premiers albums à des conditions acceptables, Taylor Swift a décidé de les réenregistrer. Chaque ressortie est un succès, critique et commercial, les Taylor's Versions dépassant chacune le million d'exemplaires vendus. Cette bataille pour posséder son travail a été accueillie positivement par le grand public, donnant une autre image de l'artiste.

Avec cette initiative, Taylor Swift crée un précédent inédit, aux résultats exceptionnels. Des maisons de disques craignent alors que d'autres artistes aient la même idée. Ainsi, Universal Music Group assure ses arrières en doublant le délai interdisant le réenregistrement d'un album. Taylor Swift est signée chez Republic Records, un label de cette major, mais elle n'a pas à s'inquiéter de cette mesure. Pourquoi ? Parce qu'elle a réussi à négocier la propriété des masters des albums qu'elle sort avec Republic Records, lors de la signature de son contrat, en 2018. Une prouesse. Ainsi, depuis *Lover* (2019), tous ses nouveaux albums originaux lui appartiennent, en plus des six premiers qu'elle réenregistre avec le label.

LE « GIRLS SQUAD » DE TAYLOR SWIFT

L'amitié occupe une place centrale dans la vie de Taylor Swift, surtout l'amitié entre femmes. Dans la période autour de l'album *1989* (2014), elle s'affiche avec un « girls squad », essentiellement composé d'actrices et mannequins superbes, qu'elle invite parfois sur scène durant la tournée *The 1989 World Tour*, ou à des cérémonies de remise de prix. Swift y voit une forme de « girl power » promouvant la sororité, ses critiques dénoncent un exemple nocif pour les jeunes filles.

Pour la sortie de *1989 (Taylor's Version)*, Swift revient sur cette période mouvementée : « J'ai juré de laisser tomber le "dating", et de me concentrer sur moi, ma musique, mon envie de progresser, et mes amitiés féminines. Si je sortais seulement avec des amies, les gens ne pourraient pas dramatiser ou sexualiser ça, n'est-ce pas ? J'ai appris plus tard que les gens le pourraient, et le feraient. » La pop star cite aussi son passé de collégienne isolée et harcelée pour expliquer l'importance de ce girls squad dans sa vie d'adulte.

Abigail Anderson Berard

Taylor Swift et Abigail Anderson Berard (née Anderson) se rencontrent au lycée, près de Nashville, en cours d'anglais. Elles deviennent instantanément meilleures amies. Swift s'inspire de leurs expériences communes pour écrire « Fifteen » (2008). Abigail apparaît dans plusieurs clips, dont « Fifteen » ou « New Romantics ». Les deux amies sont restées très proches, et se sont même rendues ensemble aux Grammy 2015. Taylor Swift était l'une des demoiselles d'honneur de son premier mariage, en 2017. Elle l'a aussi intégrée à son groupe d'amis célèbres. Après avoir été nageuse professionnelle à l'université, Abigail travaille dans la fusion-acquisition.

Hayley Williams

Taylor Swift et Hayley Williams se rencontrent en 2008 lors d'une fête organisée pour les Grammy. C'est la mère de Swift, Andrea, qui propose à Hayley de faire connaissance avec sa fille, qui « n'a pas beaucoup d'amis de son âge dans la musique ». Les deux jeunes chanteuses ne se quitteront plus. Hayley Williams est la leadeuse du groupe de rock Paramore, qui a reçu pour la première fois le Grammy du Meilleur album rock en 2024. Elle apparaît dans le clip de « Bad Blood », et chante en duo avec Swift pour « Castles Crumbling », chanson bonus de *Speak Now (Taylor's Version)* (2023). « C'est sans conteste mon album préféré de Taylor Swift. Il occupe une place spéciale dans mon coeur, pour tout un tas de raisons », déclare Hayley Williams. Swift aurait eu l'idée de la chanson « Speak Now » parce que Williams avait été invitée au mariage d'un ex-petit ami et ex-membre de Paramore, mais elles ne l'ont jamais confirmé. Paramore est l'un des groupes assurant la première partie du Eras Tour.

Selena Gomez

Taylor Swift et Selena Gomez se rencontrent à l'été 2008, parce que la première fréquente alors Joe Jonas, et la seconde Nick Jonas, membres du trio The Jonas Brothers. Les deux relations ne font pas long feu, mais les deux chanteuses gagnent une amitié à vie. Elles deviennent très proches, s'accompagnent à de nombreux événements officiels, s'invitent sur scène. Selena Gomez apparaît aussi dans le clip de « Bad Blood », jouant une amie qui a trahi Swift. Dans la vraie vie, celle-ci la considère comme la sœur qu'elle n'a jamais eue. « Je n'ai jamais réussi à m'intégrer dans un groupe de filles célèbres. Ma seule véritable amie dans cette industrie est Taylor », affirme quant à elle Selena Gomez en 2022. Chanteuse, actrice et productrice à succès, elle a été nommée aux Golden Globes pour la série Only Murders in the Building (Disney +).

Karlie Kloss

Taylor Swift rencontre Karlie Kloss en 2012, après avoir dit en interview : « J'adore Karlie Kloss, je voudrais cuisiner des cookies avec elle ! » Une invitation à laquelle répond le mannequin. Elles sont vues pour la première fois lors du défilé de la marque de lingerie Victoria's Secret, en 2013, où Swift est invitée à chanter. Par la suite, les deux stars semblent inséparables : elles se rendent à de nombreux événements people, culturels ou sportifs, et auraient même été colocataires à New York. En 2015, elles se présentent comme les meilleures amies du monde. Karlie Kloss apparaît dans le clip de « Bad Blood », elles posent en couverture de Vogue et réalisent un test d'amitié pour la chaîne YouTube du magazine. La vidéo sera supprimée quelques années plus tard. Leurs chemins se séparent, sans que l'on sache officiellement pourquoi. Leur amitié obsède encore les Swifties, et fait l'objet de nombreuses spéculations.

Gigi Hadid

Gigi Hadid et Taylor Swift sont amies depuis le début des années 2010. La première apparition de la chanteuse et du mannequin remonte à la fête du magazine *Vanity Fair* pour les Oscars, début 2014. Gigi Hadid est invitée dans le clip de « Bad Blood », et reste proche de Swift même quand elle fréquente Joe Jonas vers 2016. En 2020, la chanteuse fabrique une couverture et une peluche pour la fille de Gigi Hadid, Khai, née de son couple avec Zayn Malik. Soutien indéfectible de Swift, le mannequin et égérie la décrit comme une « personne inimitable, chaleureuse et à la générosité innée ».

Cara Delevingne

Taylor Swift aurait rencontré Cara Delevingne au Victoria's Secret Show de 2013. Le mannequin, devenue actrice, figure dans le clip de « Bad Blood », et fait toujours partie de l'entourage proche de la popstar.

VANITY FAIR

Les sœurs Haim

Taylor Swift rencontre les sœurs Haim en 2014. Este, Danielle et Alana forment un groupe de rock indé, HAIM, qui cartonne dès son premier single, « Forever », en 2013. Interrogées par MTV sur qui sera le prochain petit ami de Swift, les trois sœurs balaient cette question sexiste en invitant la popstar à faire la fête avec elles : « On n'a pas besoin de mecs. Girl power ! » S'ensuit un vrai coup de foudre amical : les sœurs HAIM décrivent Swift comme la quatrième membre de leur troupe. « Ma vie n'a plus jamais été la même depuis », clame l'interprète de « Shake It Off » sur Instagram. Swift invite plusieurs fois HAIM en première partie de ses tournées. Elles collaborent sur les chansons « No body, no crime » (*Evermore*, 2020) et « Gasoline » (*Woman In Music Pt III*, 2021), qu'elles interprètent toutes ensemble à un concert du trio à Londres, en 2022.

Blake Lively

Taylor Swift et Blake Lively se rencontrent en 2015. L'actrice, alors connue pour son rôle dans la série Gossip Girl, devient sa confidente, ainsi que son mari, l'acteur et réalisateur Ryan Reynolds (Deadpool). Le couple accepte que Swift utilise la voix de leur fille aînée, James, au début de « Gorgeous » (2017). Dans l'album *Folklore* (2020), Taylor Swift utilise cette fois le nom de leurs deux autres filles, Inez et Betty, pour nommer des personnages imaginaires. En 2021, Swift confie à son amie la réalisation du clip de « I Bet You Think About Me ».

Keleigh Teller (née Sperry)

Taylor Swift rencontre Keleigh Sperry lors de la tournée Reputation, en 2018. Les deux femmes sont présentées par l'acteur Miles Keleigh (*Whiplash*), alors compagnon de Keleigh et ami de Swift. La popstar leur envoie une carte de félicitations lorsqu'ils se marient l'année suivante. En 2021, le couple figure dans le clip de « I Bet You Think About Me ». Sur le tournage, Swift fait découvrir la version longue de « All Too Well » à la jeune femme. En résulte une photo cocasse où Keleigh pleure, habillée en vêtements d'intérieur, alors que Taylor Swift lui tient la main, vêtue d'une robe de mariée. Fin 2023, Keleigh Teller étonne les Swifties en offrant une bague luxueuse pour l'anniversaire de la popstar. Une bague avec une énorme pierre d'opale bleue, qu'elle a imaginée pour symboliser leur amitié.

Lily Aldridge

Taylor Swift rencontre Lily Aldrige en 2009, à un concert du groupe de rock Kings Of Leon, dont le leader, Caleb Followill, épousera le mannequin en 2011. Voisines à Nashville, Swift et Aldridge sont toujours très proches depuis. « Ma vie serait méconnaissable sans toi », lui écrit la chanteuse en 2015. Elle l'invite à figurer dans le clip de « Bad Blood ».

Zoë Kravitz

Taylor Swift rencontre Zoë Kravitz en 2016, par l'entremise de Cara Delevingne. En 2020, les deux stars se rapprochent pendant le confinement, à Londres, où la chanteuse est confinée avec son petit ami de l'époque, Joe Alwyn. Zoë Kravitz est alors en plein tournage de The Batman. « C'était très important d'avoir une amie que je pouvais voir, et qui cuisinait des plats faits maison, et le dîner le soir de mon anniversaire », révèle l'actrice. Plus tard, l'actrice se retrouve à participer à l'écriture de deux chansons de *Midnights* (2022) : « Karma » et « Lavender Haze ». On l'aperçoit également dans le clip de « Bejeweled », sous la forme d'un tableau.

UNE VIE AMOUREUSE SCRUTÉE

Les talents d'écriture de Taylor Swift, son sens de l'observation et de l'introspection la rendent capable d'écrire aussi bien sur le flirt, les débuts excitants d'une relation, les turbulences d'un amour passionné, le calme déroutant d'une relation stable, les déceptions et trahisons, sans oublier, bien sûr, les ruptures déchirantes ou exaltantes. Mais dès que la chanteuse a commencé à fréquenter des hommes tout aussi populaires qu'elle, elle a été accusée de se servir d'eux pour vendre des disques. Pourtant, elle a toujours refusé d'indiquer de qui parlent ses chansons. On s'est aussi moqué du fait que ses relations étaient courtes, preuve qu'elle n'était pas « capable de garder un homme ». Autant de critiques sexistes (puisqu'on ne reproche pas aux artistes hommes leur vie privée), auxquelles elle a répondu en interview et dans de nombreuses chansons (« Blank Space », « Shake It Off », « Call It What You Want » ou « The Archer »).

Ce chapitre ne repose pas sur du voyeurisme, mais vise à donner du contexte à certaines chansons de Swift, et à l'évolution de son image et de son discours sur l'amour. Retour non exhaustif sur les hommes ayant partagé sa vie.

Joe Jonas

Taylor Swift et Joe Jonas se fréquentent entre juillet et octobre 2018. Il est le chanteur principal du groupe pop rock Jonas Brothers, aux côtés de ses frères Kevin et Nick. Égéries Disney, ils sont notamment connus pour le film Camp Rock. À l'époque, Taylor Swift révèle en interview que Joe Jonas l'a quittée lors d'un appel téléphonique, en lui raccrochant au nez. Une histoire qu'elle a ensuite regretté d'avoir divulguée. La chanson « Better Than Revenge » (*Fearless*) porterait sur la fille pour laquelle Joe Jonas aurait quitté Swift. Ils sont restés en bons termes, même quand il a fréquenté Gigi Hadid, amie proche de Swift.

John Mayer

Taylor Swift et John Mayer, chanteur de blues rock, se seraient fréquentés courant 2009, mais cela n'a jamais été confirmé. Officiellement, ils se sont exprimé leur admiration mutuelle par interviews. Puis, ils ont chanté ensemble un duo, « Half Of My Heart », présent sur le quatrième album du chanteur, de 12 ans l'aîné de Swift. En 2010, l'album *Speak Now* comporte le titre « Dear John », que le public a associé à John Mayer. Dans les paroles, la chanteuse reproche à un homme plus âgé d'avoir « joué » avec elle, malgré son jeune âge. Mayer s'était dit « humilié » par cette chanson et avait critiqué le fait que Swift écrive sur ses ex comme « de la chanson bas de gamme ». Pourtant, son morceau « Paper Dolls », sorti en 2013, porterait lui aussi sur leur relation.

Taylor Lautner

Taylor Swift et Taylor Lautner se fréquentent pendant trois mois fin 2009, après s'être rencontrés sur le tournage de la comédie romantique Valentine's Day. L'acteur est alors très populaire pour son rôle dans la saga Twilight. Le très jeune couple est aperçu à de nombreuses reprises, dont aux MTV VMA 2009. Lautner était d'ailleurs sur scène quand Swift a été interrompue par Kanye West. Swift lui dédie la chanson « Back To December » dans *Speak Now* (2010), où elle lui présente ses excuses : « Me voici ravalant ma fierté/En me tenant devant toi et en te disant que je suis désolée pour ce qui s'est passé cette nuit-là/Et je repense tout le temps à décembre/Il s'avère que la liberté n'est rien d'autre que le fait que tu me manques/Si seulement je m'en étais rendu compte quand tu étais à moi ». Clin d'œil inattendu, Swift invite Taylor Lautner à figurer dans le clip de « I Can See You », chanson bonus de *Speak Now (Taylor's Version)* (2023), et même à la rejoindre sur scène lors d'un concert du Eras Tour.

Jake Gyllenhaal

Taylor Swift fréquente l'acteur Jake Gyllenhaal fin 2010. Elle a alors vingt ans, et lui vingt-neuf. Considéré comme l'un des meilleurs de sa génération, Jake Gyllenhaal est d'abord remarqué dans Donnie Darko (2001), et nommé aux Oscars pour son rôle dans Brokeback Mountain (2005). Les deux célébrités commencent à se fréquenter en octobre 2010, et sont paparazzés le jour de Thanksgiving. Après avoir passé du temps ensemble à Nashville et Los Angeles, on apprend leur séparation début 2011.

L'album *Red* (2012) contiendrait plusieurs chansons en référence à Jake Gyllenhaal, notamment « The Moment I Knew », où Swift raconte que son petit ami n'est pas venu à son anniversaire, et la fameuse « All Too Well ».

Harry Styles

Il faut en avoir été témoin pour comprendre l'obsession générée envers le couple formé par Taylor Swift et Harry Styles au début des années 2010. À cette époque, la première s'est imposée comme la jeune chanteuse à suivre aux États-Unis, tandis que le second est connu dans le monde entier en tant que membre du boys band One Direction.

Taylor Swift et Harry Styles commencent à se fréquenter fin 2012. Ils se rendent même en Angleterre, où Harry Styles lui présente sa mère, et passent le Nouvel An sur Time's Square, à New York. Et puis, c'est le drame : ils partent ensemble pour les Caraïbes, mais Swift revient seule, paparazzée la mine défaite, sur un bateau. Une source confirme leur rupture.

Beaucoup de Swifties sont pourtant reconnaissants envers Harry Styles, car sa relation avec Swift leur a offert le tube « Styles ». La chanteuse s'adresse avec nostalgie à son ancien amant, au « regard rêveur façon James Dean », « cheveux longs plaqués en arrière et T-shirt blanc », qui aime toujours « ses lèvres au rouge classique ». Styles lui répond sur son premier album solo sorti en 2017. Le titre « Two Ghosts » reprend des formules de « Styles » : « Mêmes lèvres rouges, mêmes yeux bleus/Même T-shirt blanc, quelques tatouages en plus ». Ils sont restés en bons termes.

Calvin Harris

Taylor Swift et le chanteur et producteur Calvin Harris (de son vrai nom Adam Wiles) se fréquentent entre février 2015 et juin 2016.

Le jeune couple se montre complice sur de nombreuses photos de leurs vacances qu'il poste sur Instagram, entre le Colorado ou les tropiques. Taylor Swift le serre dans ses bras lorsqu'elle remporte trophée après trophée aux Billboard Music Awards 2015. Elle le remercie même aux iHeart Radio Awards 2016, quand elle reçoit le prix de la Meilleure tournée : « Pour la première fois, une personne géniale m'attendait à la maison une fois les projecteurs éteints et la foule partie. Je veux remercier mon petit ami Adam pour cela. »

À la même époque, Taylor Swift écrit sous pseudo les paroles d'une chanson de Calvin Harris, « This Is What You Came For », chantée par Rihanna.

Malgré une relation à l'apparence idyllique, le couple se sépare en juin 2016. Quelques semaines plus tard, l'équipe de Taylor confirme qu'elle a écrit les paroles de « This Is What You Came For ». Calvin Harris s'énerve contre son ex sur Twitter. Il l'accuse de se l'approprier, et de « vouloir [l'] enterrer » comme elle l'aurait fait avec Katy Perry. Il regrettera par la suite ses propos.

Plusieurs chansons de Swift parleraient de son ex, comme « I Forgot That You Existed » (2019), où elle dit : « J'aurais toujours été au premier rang/ Même si personne ne venait à tes concerts ».

Dans le titre « High Infidelity » (2022), elle sous-entend que la rencontre de l'acteur britannique Joe Alwyn, le 29 avril 2016, « l'a ramenée à la vie », quelques semaines avant sa rupture avec Calvin Harris.

Tom Hiddleston

Taylor Swift et Tom Hiddleston se fréquentent durant l'été 2016. La chanteuse et l'acteur, connu pour jouer Loki dans les films Marvel, sont vus pour la première fois ensemble au Met Gala le 2 mai 2016, en train de danser.

Leur relation fascine les médias et les fans, car tout va très vite. Swift rencontre en quelques semaines la famille Hiddleston, et l'acteur est photographié avec un T-shirt affichant le slogan « I love TS ». Invité à la traditionnelle fête du 4 Juillet dans la maison de Swift à Rhode Island, il rencontre ses amis les plus proches, dont Cara Delevingne, Blake Lively et Ryan Reynolds. Le jeune couple semble très amoureux, mais la relation se termine aussi vite qu'elle a commencé. Par la suite, Tom Hiddleston n'aura que des choses positives à dire sur la chanteuse.

De son côté, la popstar écrit le titre « Getaway Car » (2017), sur une relation « pansement ». Les fans sont persuadés qu'il s'agit de son amourette avec Tom Hiddleston. Dans le clip de « Look What You Made Me Do », qui parle de sa renaissance, on aperçoit même le fameux T-shirt « I love TS ».

Joe Alwyn

Taylor Swift et Joe Alwyn sont en couple de fin 2016 à début 2023. La chanteuse et l'acteur britannique, alors inconnu du grand public, se seraient rencontrés en avril 2016 à la fête d'anniversaire du mannequin Gigi Hadid. Les deux artistes restent en contact, et s'apprécient de plus en plus.

Leur rapprochement coïncide avec la période noire de Taylor Swift, traînée dans la boue par Kanye West et Kim Kardashian. « J'étais en train de tomber amoureuse d'une personne avec une vie normale, merveilleusement stable et ancrée », explique-t-elle dans Miss Americana (Netflix). « [...] Même si la situation était horrible, j'étais heureuse. » C'est cette ambivalence que la chanteuse raconte dans *Reputation* (2017).

Swift et Alwyn décident de garder leur relation la plus discrète possible. Ils ne s'affichent pas sur les réseaux sociaux ni sur les tapis rouges, et parlent très peu de leur histoire en interview. Ils passent beaucoup de temps à Londres, loin des paparazzis américains. Mais la musique de Swift déborde de chansons d'amour inspirées par son compagnon, présenté comme un pilier. Elle ne dresse pas pour autant un tableau idyllique : elle explore ses propres travers, et s'inquiète que son statut de star mondiale ne soit un frein à leur bonheur.

Joe Alwyn choisit le pseudonyme William Bowery pour participer à l'écriture et la production de titres de l'album *Folklore* (2020), dont « Exile », duo avec Bon Iver, artiste très apprécié du couple. Sur *Evermore*, il coécrit cette fois « Champagne problems » avec Swift, et participe à l'écriture de « Coney Island » et « Evermore », duos avec The National et Bon Iver. « Joe et moi adorons vraiment les chansons tristes. Nous nous sommes toujours rapprochés à travers la musique. Nous

écrivons les chansons les plus tristes qui soient », plaisante Swift auprès de Zane Lowe.

Fin 2022, le dixième album de la popstar, *Midnights*, déstabilise les fans. Si Alwyn participe à l'écriture de « Sweet Nothing », chanson sur leurs plaisirs simples, d'autres titres suggèrent que leur relation est plus houleuse qu'il n'y paraît, entre disputes, possibles « breaks » et soupçons d'infidélité (« The Great War », « Hits Different »). Dans le titre bonus « You're Losing Me », Swift prévient : « Mon coeur ne démarre plus pour toi/ Parce que tu es en train de me perdre ». Leur rupture est finalement annoncée en avril 2023, et chacun garde le silence.

Travis Kelce

Taylor Swift et Travis Kelce sont en couple depuis juillet 2023. Leur histoire ressemble à une comédie romantique. Alors que la chanteuse est en plein Eras Tour au printemps 2023, le joueur de football américain dévoile dans son podcast qu'il a essayé de la rencontrer après l'un de ses concerts. Il voulait lui donner son numéro de téléphone sur un bracelet d'amitié. L'anecdote fait beaucoup parler, Kelce étant l'un des sportifs les plus populaires du pays, jouant pour les Chiefs de Kansas City. En septembre, Taylor Swift apparaît pour la première fois à l'un de ses matchs, confirmant leur relation. Le couple commence à s'afficher publiquement, malgré les paparazzis à leurs trousses. La popstar assiste aux matchs de son compagnon, faisant grimper les audiences, et l'énervement de fans de foot sexistes. Le footballeur ne tarit pas d'éloges, décrivant sa petite amie comme « hilarante » et « un génie » au Wall Street Journal.

Auprès de Time Magazine, Swift s'exprime longuement sur cette nouvelle relation. Elle dit avoir commencé à fréquenter Kelce après l'épisode de podcast où il a parlé d'elle : « On a eu beaucoup de temps rien qu'à nous, et j'en suis reconnaissante, parce qu'on a pu apprendre à se connaître. Lorsque je me suis rendue à un match pour la première fois, nous étions déjà un couple. » Il n'est cette fois pas question de discrétion : « Être dans une relation publique, cela veut dire que je vais aller le voir faire ce qu'il aime, qu'on est présents l'un pour l'autre, même s'il y a d'autres personnes. On n'en a rien à faire. » Lorsque les Chiefs remportent le Super Bowl début 2024, Swift tient parole : elle se rend sur la pelouse pour féliciter Kelce. Elle le prend dans ses bras et l'embrasse, devant les flashs.

TAYLOR SWIFT EN CHIFFRES

S'intéresser à la carrière de Taylor Swift, c'est avoir l'impression de jouer à *Des chiffres et des lettres* : on apprend de nouveaux mots, et on se rend compte que la limite n'existe pas. En près de vingt ans de carrière, la chanteuse a vendu plus d'albums que le double d'habitants en France, et a battu record sur record. Voici quelques chiffres importants à connaître sur elle. Arithmophobes s'abstenir.

14 ANS

l'âge de Taylor Swift lorsqu'elle a signé son premier contrat en tant que parolière avec une maison de disques, Sony/ATV, en 2004. Un record pour le label.

4

le nombre de Grammy du Meilleur album de l'année détenus par Taylor Swift, un record toutes catégories (pour *Fearless*, *1989*, *Folklore* et *Midnights*).

16 ANS

l'âge de Taylor Swift lorsqu'elle a sorti son premier album, *Taylor Swift* (2006).

12

le nombre de ses disques qui ont atteint la première place des ventes aux États-Unis, un record pour une artiste femme (auparavant détenu par Barbra Streisand)

11

LE NOMBRE D'ALBUMS STUDIO QU'ELLE A SORTIS DEPUIS 2006.

6

le nombre d'albums de Taylor Swift qui se sont vendus à plus d'un million d'exemplaires durant leur première semaine de commercialisation. Selon Billboard, seuls 25 albums ont réussi à atteindre ce palier dans l'Histoire, et Swift est l'artiste qui figure le plus dans cette liste.

200

EN MILLIONS

le nombre d'albums vendus par Taylor Swift dans le monde.

14

le nombre de Grammy qu'elle a déjà remportés (Beyoncé détient le record pour une chanteuse, avec 32 Grammy décrochés).

14

en millions, le nombre d'exemplaires écoulés de son album le plus vendu, *1989* (2014).

103

en millions, son nombre d'auditeurs par mois sur Spotify. Ce qui en fait la deuxième artiste la plus écoutée au monde sur la plateforme.

9

le nombre de ses chansons qui dépassent un milliard d'écoutes sur Spotify (« Blank Space », « Style », « Shake It Off », « Look What You Made Me Do », « Lover », « Cruel Summer », « Cardigan », « August », « Anti-Hero »).

10 MINUTES

ET 13 SECONDES

la durée de la chanson la plus longue de Taylor Swift, « All Too Well (10 Minute Version) (Taylor's Version) ».

1,1

le montant estimé de sa fortune, en milliard de dollars (soit 940 millions d'euros).

1

EN MILLIARD DE DOLLARS,

le bénéfice de sa tournée Era's Tour fin 2023. Un record historique.

5

le nombre de ses clips ayant dépassé le milliard de vues sur YouTube

(« Shake It Off », « Blank Space », « Bad Blood » ft. Kendrick Lamar, « You Belong With Me », « Look What You Made Me Do »).

34

le nombre de vues, en milliards, de sa chaîne YouTube.

96 000

LE NOMBRE DE PERSONNES AYANT ASSISTÉ AU PLUS GRAND CONCERT DE LA CARRIÈRE DE TAYLOR SWIFT, DANS UN STADE DE MELBOURNE (AUSTRALIE), EN FÉVRIER 2024. ELLE L'A REMPLI TROIS SOIRS DE SUITE, SOIT 208 000 PERSONNES EN TOUT.

3

le nombre de chats que possède Taylor Swift (nommés Meredith Grey, Olivia Benson et Benjamin Button).